世界五千年
科技故事叢書

卢嘉锡题

《世界五千年科技故事丛书》
编审委员会

丛书顾问　钱临照　卢嘉锡　席泽宗　路甬祥
主　　编　管成学　赵骥民
副 主 编　何绍庚　汪广仁　许国良　刘保垣
编　　委　王渝生　卢家明　李彦君　李方正　杨效雷

世界五千年科技故事丛书

中华医圣

张仲景的故事

丛书主编　管成学　赵骥民
编著　倪青　吴弘

吉林出版集团 ｜ 吉林科学技术出版社

图书在版编目（CIP）数据

中华医圣：张仲景的故事 / 管成学，赵骥民主编.
-- 长春：吉林科学技术出版社，2012.10（2022.1重印）
ISBN 978-7-5384-6130-5

Ⅰ.①中… Ⅱ.①管… ②赵… Ⅲ.①张仲景－生平事迹－通俗读物 Ⅳ.① K826.2-49

中国版本图书馆CIP数据核字（2012）第156277号

中华医圣：张仲景的故事

主　　编	管成学　赵骥民
出 版 人	宛　霞
选题策划	张瑛琳
责任编辑	张胜利
封面设计	新华智品
制　　版	长春美印图文设计有限公司
开　　本	640mm×960mm　1 / 16
字　　数	100千字
印　　张	7.5
版　　次	2012年10月第1版
印　　次	2022年1月第4次印刷

出　　版	吉林出版集团
	吉林科学技术出版社
发　　行	吉林科学技术出版社
地　　址	长春市净月区福祉大路5788号
邮　　编	130118
发行部电话/传真	0431-81629529　81629530　81629531
	81629532　81629533　81629534
储运部电话	0431-86059116
编辑部电话	0431-81629518
网　　址	www.jlstp.net
印　　刷	北京一鑫印务有限责任公司

书　　号　ISBN 978-7-5384-6130-5
定　　价　33.00元
如有印装质量问题可寄出版社调换
版权所有　翻印必究　举报电话：0431-81629508

序 言

十一届全国人大副委员长、中国科学院前院长、两院院士

放眼21世纪，科学技术将以无法想象的速度迅猛发展，知识经济将全面崛起，国际竞争与合作将出现前所未有的激烈和广泛局面。在严峻的挑战面前，中华民族靠什么屹立于世界民族之林？靠人才，靠德、智、体、能、美全面发展的一代新人。今天的中小学生届时将要肩负起民族强盛的历史使命。为此，我们的知识界、出版界都应责无旁贷地多为他们提供丰富的精神养料。现在，一套大型的向广大青少年传播世界科学技术史知识的科普读物《世

序 言

界五千年科技故事丛书》出版面世了。

　　由中国科学院自然科学研究所、清华大学科技史暨古文献研究所、中国中医研究院医史文献研究所和温州师范学院、吉林省科普作家协会的同志们共同撰写的这套丛书，以世界五千年科学技术史为经，以各时代杰出的科技精英的科技创新活动作纬，勾画了世界科技发展的生动图景。作者着力于科学性与可读性相结合，思想性与趣味性相结合，历史性与时代性相结合，通过故事来讲述科学发现的真实历史条件和科学工作的艰苦性。本书中介绍了科学家们独立思考、敢于怀疑、勇于创新、百折不挠、求真务实的科学精神和他们在工作生活中宝贵的协作、友爱、宽容的人文精神。使青少年读者从科学家的故事中感受科学大师们的智慧、科学的思维方法和实验方法，受到有益的思想启迪。从有关人类重大科技活动的故事中，引起对人类社会发展重大问题的密切关注，全面地理解科学，树立正确的科学观，在知识经济时代理智地对待科学、对待社会、对待人生。阅读这套丛书是对课本的很好补充，是进行素质教育的理想读物。

　　读史使人明智。在历史的长河中，中华民族曾经创造了灿烂的科技文明，明代以前我国的科技一直处于世界领先地位，涌现出张衡、张仲景、祖冲之、僧一行、沈括、郭守敬、李时珍、徐光启、宋应星这样一批具有世界影响的科学家，而在近现代，中国具有世界级影响的科学家并不多，与我们这个有着13亿人口的泱泱大国并不相称，与世界先进科技水平相比较，在总体上我国的科技水平还存在着较大差距。当今世界各国都把科学技术视为推动社会发展的巨大动力，把培养科技创新人才当做提高创新能力的战略方针。我国也不失时机地确立了科技兴国战略，确立了全面实施素质教育，提高全民素质，培养适应21世纪需要的创新人才的战略决策。党的十六大又提出要形成全民学习、终身学习的学习型社会，形成比较完善的科技和文化创新体系。要全面建设小康社会，加快推进社会主义现代化建设，我们需要一代具有创新精神的人才，需要更多更伟大的科学家和工程技术人才。我真诚地希望这套丛书能激发青少年爱祖国、爱科学的热情，树立起献身科技事业的信念，努力拼搏，勇攀高峰，争当新世纪的优秀科技创新人才。

目 录

天上星应人间景/011
有道扁鹊是神医/015
伯父家中成常客/022
洛阳城里访何颙/027
拜师伯祖入医门/030
崭露头角愈亲疾/034
博采众长访吕广/038
沈槐仙师传秘术/043
洛水异人献秘方/046
汨罗江边退瘟疫/050
孟津解救落水童/054
修武客栈遇轻生/059
扁鹊墓前得脉书/064

目 录

翻山涉水采良药 /070

预知王粲须眉落 /078

公堂行医美名扬 /083

辞官归里操旧业 /093

言传身教育高徒 /100

华佗盛赞"活人书" /106

风雪弥漫少室山 /112

天上星应人间景

公元150年（汉桓帝和平元年）仲春的一个傍晚，月朗星稀，蛙声悠扬，一阵阵微风吹过送来缕缕花香，沁人心脾，使人欢欣。河南南阳郡涅阳东高阜处张家巷（今河南邓县东北部）的一个深宅大院内，已过不惑之年的张员外在院中来回踱步，原来他在期盼分娩的妻子尽快娩出娇儿，摆脱痛苦。

正当张员外翘首苍穹，遥望那躲躲闪闪、忽隐忽现的天机星（北斗七星之一）若有所思之时，屋内传来了婴儿清脆的哭声，这响亮的声音划破夜空，给略显寂静的夜晚增添了几多乐韵。

"老爷，老爷，恭喜恭喜，夫人又生了一位公子！"一位老妪从屋里走出来，边说话边将沉思中的张员外拉进屋中。

已过不惑之年的张员外中年又得一子喜得合不拢嘴，而那襁褓中的初产娇儿又生得天庭饱满，地阔方圆，两只小眼似睁似闭，圆润泛着粉色的小脸上荡漾着一对浅浅的酒窝，那粉红湿润的樱桃小口……张员外越看越喜欢，不禁伸出手去用指腹轻轻抚摸儿子细嫩的小脸，眉梢上挂满幸福的微笑。

日过三朝，前来贺喜的亲友济济一堂，张宅内外洋溢着喜庆的气氛。

"瞧这孩子多么可爱！"

"看这五官长相，将来一定能当大官！"

……

大家七嘴八舌，都把赞美的目光投向襁褓中的婴儿，那婴儿似乎善解人意地不断报以"哼哼唧唧"的应答声，逗得大家"哈哈"大笑。

"孩子叫什么名字，得给孩子起个名字了吧？"几位乡邻的话引起了大家的兴趣。

"我看叫张相最好,这孩子将来没准能做大官当丞相。"

"我觉得叫张君好,没准还能做国君当皇帝哩!"

"叫张玑吧,这样更实际些。我的希望也是一块美玉,不用雕琢,自会显出自身的价值。再者,张玑即'掌玑',掌上明珠也。也表示他的亲人们对他的珍爱!"孩子外公的一番话博得了大家一致的称道,"叫张玑好,叫张玑好!"大家异口同声,喝彩鼓掌。

只见孩子的父亲笑而不答,若有所思。众人纷纷讨问他的意思,他慢条斯理地娓娓道来:"感谢众亲友对我儿的错爱。其实贱儿的取名问题我早已有准备,本想等他满月时再向大家公布,谁知今日亲友们对这个话题深有兴味,承蒙大家对他的远大期望,我以为我的孩子不一定要当大官、得厚禄,只求他能有一技之长,造福于民众。此儿出生之时我正在凝视北斗七星,见那天机星忽闪忽现;此时的季节正是仲春;他的到来使众亲友相聚一堂令府内蓬荜生辉,堪为一景与春光争色;再者他排行老二属仲,于是我为他起名就叫张机,取字为仲景。适才老泰山的

'掌上明珠'之说正合我意，不知众亲友尚有何高见？"

"好，好！就叫张机，张仲景好，天上一星，人间一景。"众亲友齐声称道，啧啧叹服张员外的才学。

有道扁鹊是神医

　　小仲景天资聪颖，深得大人的喜爱。张员外一有闲隙就将他抱坐在膝上，教他咿呀学语，张夫人出身于书香门第，自然成了孩子们的启蒙老师。仲景的外公原是县令，归田住在张宅，也成了孙子的良师益友。加之哥哥、姐姐们的熏陶，小仲景2岁就能讲一些简短的童话，3岁时已认识了几百个汉字，5岁时已能背诵成段的《诗经》、《论语》。

　　一次仲景的外公忽然感冒发热，恶寒，头痛，不停地咳嗽，老人只能躺在床上。

"外公，您怎么病了？"小仲景站在外公的床前，望着外公被病痛折腾的痛苦样子，仲景扑簌簌地流下了眼泪。

仲景的妈妈请来郡里的医生张伯祖给老人诊病并开了药方，老人服了汤药过了一天就好了。小仲景又爬到外公的膝上要外公给他讲故事。

老人平素知晓一些医理医药知识，他慨叹一生仕途多舛，尚不如做个良医以"济世活人"，感冒的病痛，触动了老人的心事，老人兴致百倍地搂着孙子："仲景呀，今天外公给你讲一个神医扁鹊的故事：扁鹊呀，其实真名叫秦越人，年轻时期曾当过齐国的小官，他学习勤奋，很有才能，却不被国君重用，于是就弃了官拜一个叫长桑君的人学医，以'济世活人'……"

"'济世活人'呀，就像你伯父张伯祖那样，以精湛的医术治病救人。扁鹊的医术很全面，对什么病都精通，外公先给你讲一个扁鹊先生'起死回生'的故事吧——"

一次，扁鹊带着几个学生行医去虢国，行至国都时只见都城内外白幡招展，祈祷哀悼声不绝于耳，上前一打听呀，原来虢国正在为虢太子筹办丧事。扁鹊来到王宫门

口问一个爱好医药的中庶子（官名，太子的侍从官）道：'太子得什么病死的？'

'太子气血运行不正常，正气不能制止邪气，邪气蓄积体内不能疏泄出来，就突然昏死不省人事而亡故了'，中庶子回答说。

'太子死了多长时间？'扁鹊又问。

'今晨鸡叫时死的，将近半天了。'

'入殓了吗？'

'没有。'

"接着扁鹊先生又问了太子的发病经过及尸体情况，便推断太子不是真死，可以救。于是就对中庶子说：'你快去报告国王，就说我能把太子救活。'

'你是在说胡话吧？太子死了怎么能够复生呢？'中庶子极不相信地看着扁鹊先生。

'你就快去吧！若不相信，请再去检查一下太子的身体，你一定会发现他鼻孔还在微微煽动，大腿根部还微热呢！'中庶子惊诧得目瞪口呆，急忙去传报国君。"老人讲到这里意味深长地望着入迷的小仲景。

"外公，快讲！虢国太子救活了吗？"小仲景生怕外公就此打住。

"虢国君呀,那也是深爱他儿子的。"老人接着讲道,"太子的死使国君悲痛欲绝,忽闻名医扁鹊驾到,又说是来救太子命的,自然悲喜交加,亲自迎请扁鹊先生入宫。扁鹊仔细查看太子的身体,果然发现太子的脉搏还在微微跳动,鼻孔微微煽动,于是对国王等人说:

'太子并没有死,他患的是尸厥症(一种假死病,相当于现在人们说的休克),昏迷过去了。'

说着就让学生拿出针灸针,在太子头顶、胸、手、脚等部位的穴位进行针灸治疗,又给太子做了局部按摩,一会儿太子就慢慢地苏醒了。又过了一会儿,他又给太子配了药服下,并用炒热的药熨敷在太子的两肋下,太子身体渐渐温暖,后来就能坐起来了。国王等人真是又惊又喜呀!扁鹊又给太子调治了20多天,太子就完全恢复了健康。"

"外公,我长大也要当扁鹊,'济世活人''起死回生'!"

老人听了小仲景的话,连连点头,脸上露出欣慰的微笑:"是啊,做医生就要做扁鹊那样的神医,外公再给您讲一个扁鹊见齐桓公的故事。那扁鹊先生呀，光凭望面色就知道人得了什么病了。"老人打开话匣子又津津有味地讲了起来：

"有一次，扁鹊行医到了齐国，朝见了齐桓公，他看了看齐桓公的脸色就知道他生了重病，于是他就直言不讳地对齐桓公说：

'您已经患病了，现在尚在皮肤浅表，如果不及时治疗会逐渐加重的。'

齐桓公听了很不高兴地说：'我根本没有一点儿病，你胡说什么！'扁鹊告辞后，齐桓公又对左右人说'当医生的人都贪财好利，以借口别人有病显示本领，来窃取名利。'

过了几天后扁鹊遇到齐桓公，扁鹊再次对他说：'您的病已入肌肉和血脉，如不及时治疗就越来越重了。'"

"这次齐桓公相信了吗？"小仲景扑闪着大眼睛问外公。

"这次呀，齐桓公还坚持说自己没有病，丝毫听不进去扁鹊先生的话。"

"那后来呢？"

"后来呀，又过了几天，扁鹊再看到齐桓公，仔细观察了他的面色严肃地说：

您的病已进入胃肠，如果再不治那就有生命危险了。"

"齐桓公这次该听了吧？"

"没有，齐桓公听了扁鹊先生这次的话非常生气，拂袖而去了。"

"那再后来呢？"

"再后来嘛！那就是扁鹊先生第四次见到齐桓公了，只看了两眼扁鹊先生自己就走了。"

"外公，扁鹊先生为什么走呢？"

"是啊！齐桓公也觉得奇怪，于是就派人去追问扁鹊为什么看他两眼就走了？"

"扁鹊先生怎么说的？"

"扁鹊说，病在体表可以用汤熨方法治好；病入肌肉和血脉可以用针灸方法治好；病到肠胃可以用汤药治好。现在齐桓公的病已深入骨髓了，他没法挽救了，所以就无话可说了。"

"那齐桓公后来怎么样？"

"果然没过几天就病倒了,不久就死了。"

"外公,为什么病深入骨髓就没法治了呢?"

小仲景这个问题问得老人目瞪口呆,一时不知怎么向小仲景解释为好,只能安慰孙子:"外公不懂医药,你长大如果当了医生就知道了。"

于是一个医学悬念在小仲景幼小的心灵里面扎了根。

伯父家中成常客

小仲景8岁起,他的外公开始教他读《孔子》、《孟子》等书。他性情温和,好学不倦,10多岁时已读遍了《论语》、《孟子》、《大学》、《中庸》、《春秋》、《孔子》等多种书籍,掌握了许多天文学、历史学等方面的知识,他还在外公的指导下读了不少有关医学的书,他尤其是敬慕扁鹊善看人的气色诊断疾病的高超医术。凡扁鹊的书如《扁鹊内经》、《扁鹊外经》、《泰始黄帝扁鹊俞拊方》、《难经》等他都找来认真阅读。他经常到伯父张伯祖家去看伯父如何给病人看病,仔细揣摩望、闻、问、切的含义。张伯祖也打心眼里喜欢这个聪颖伶俐忠厚机敏的侄儿，经常逗小仲景说："快快长大吧！将来跟伯父学医。"

一个夏日的中午，小仲景读完上午的书后又溜进了伯父张伯祖的药房。夏日骄阳似火，天气很热，伯父也就趁没有人来求治的空闲和这个可爱的侄子逗乐闲聊：

"仲景呀，伯父问你，你读过《左传》吗？"

"那当然了，去年我外公就教我读完了。"小仲景露出一副得意之色。

"那你知道《左传》里医缓的故事吗？"张伯祖问道。

"噢，就是那个为晋景公治疗的秦国名医嘛！"小仲景骄傲地答道。

"那你给伯父讲讲'病入膏肓'的典故好吗？"

"您听着。"小仲景清了清嗓子，学着外公给他讲故事的样子，拉长了声调，"话说春秋战国之时晋国国君晋景公得了重病，国内许多医生都束手无策，于是派人去请秦国的名医医缓，在医缓未到之前，晋景公做了一个奇怪的梦。"

张伯祖微笑着听侄儿继续讲下去。

"晋景公梦见两个小丑正在商量什么事，于是他就侧耳倾听起来。只听得一个说：'是我们躲在这里使晋景公生病的，他们已派人去请秦国名医医缓了，他医技精湛，医术高明，我们如果不设法躲藏起来，那肯定就得死于医缓之手啦！'另一个小丑说：'你就为这担忧呀？不用怕，人身上有一个地方叫膏肓，我带你躲进去，他就没办法抓我们了。'前面那个小丑听了很惊奇，皱着眉头思索了半天，将信将疑地问后一位小丑：'为什么藏在膏肓之处医缓就对我们没办法了呢？'后面那位小丑不耐烦地答道：'膏是心脏上端，肓为心的下端，此处禁用针灸，汤药不起作用。既不能用针，又不能用药，医缓奈我何？'两个小丑一脸得意之色。等医缓来到晋国仔细为晋景公诊断后，惋惜地叹着气告诉晋景公说：'您的病拖延日久，治疗不当，现在病邪由表入里，邪正相搏交手于膏肓之处，膏肓位居胸中，为心之上下，针灸禁用，药力难及呀！'景公听医缓的一席话与梦中之境不谋而合，惊叹医缓的高超医技，世间少见。侄儿为景公之梦，必是传说中的故事。'病入膏肓'实是形容病势严重无法救治，比喻事态严重无法挽回的典故而已。"

"说得好！说得好！"张伯祖惊诧于小仲景讲起故事来，不但有声有色，而且对典故评价正确，理解透彻。他一把将仲景揽入怀中，喃喃自语："后生可畏！后生可畏也！"却万万没想到小仲景又问了他一个难以回答的问题：

"伯父，人病入膏肓难道只能像晋景公那样等死吗？难道就没有办法扼制病魔的发展了吗？"

"好孩子！伯父只希望你将来能勤求古训博采众方，上以疗君亲之疾，下以救黎民之苦了。"

"勤求古训，博采众方……"，仲景反复吟咏着，若有所思。

"张医生在家吗？"一位中年男子从外边走来。

"您是胸闷腹痛吧？"小仲景看见来人脱口而出。

"对呀，你怎么知道的？今天早饭后我吃了点凉饭，过了没有多长时间就觉得胸口胀闷难受，腹中绞痛，呕吐了一回，现在从胸口至腹部仍然疼痛不舒，所以来请张医生诊治的。小公子是张医生的高徒吧？"病者非常惊奇。

"'鼻头色青者，腹中痛'，'语声喑喑，然不彻者，心隔间病'，由此知之，何足挂齿？"小仲景风趣地答道。

只见张伯祖目不转睛地望着小仲景那满脸童稚，一身才气，爆发出一阵爽朗的笑声。

伯父的大笑似乎提醒了小仲景什么，他也许为自己的班门弄斧而羞愧，还不及摘下脸上的飞霞，就冲出了伯父的药房……

洛阳城里访何颙

东汉桓帝时期，国家的大权全掌管在宫廷的宦官（也叫太监。我国封建社会经过阉割在皇宫里伺候皇帝及其家族的男人）手中。那些宦官无视国家和人民的利益，贪赃枉法，到处搜刮民脂民膏，公开卖官鬻爵，那些公卿花钱买了官后就残暴地鱼肉人民，横征暴敛，人民生活十分贫苦。公元166年，以李膺、陈蕃、范滂、郭泰、贾彪为代表的文人名士，掀起了一场轰轰烈烈的"反宦官专权运动"，昏庸无道的桓帝竟然下令逮捕李膺等200多人，史称"党锢之祸"，他的堂姑父，在洛阳做官的何颙因受牵连也被罢了官。这一年小仲景正当总角之年（16岁），他平素就喜欢读陈蕃、范滂等名士的文章，何颙为官清廉，非常憎恶宦官专权，小仲景两年前还见过这位令他敬慕的姑父。姑父给他讲了许多有关朝廷和太学的事情，并且让他读了当时名士郭林宗、贾伟节等人的书。何颙等人遭朝廷罢官的消息传到家乡，深谙世事的仲景也和大人们一样整日牵念，一日他和父亲商量，想到洛阳去寻访姑父何颙。

俗话说"知子莫若父"，张员外深知儿子的忠孝廉仁，他欣然同意仲景去拜访受难中的姑父何颙，并语重心长地嘱咐儿子："仲景呀，此行要多加小心，到洛阳后不要给姑父添麻烦，要多听听姑父的教导。你今年已16岁了，读了不少书，你姑父毕竟是名士，懂得比我们多，你可以向你姑父讨教如何继续努力，或为立名，或为立业……"

偌大的洛阳城，仲景在亲友的帮助下，在洛阳东南的一个依山傍水的林间小院找到了姑父何颙，已届不惑之年的何颙见是仲景远道而来喜出望外，又是带他抚琴，又是考他诗文；或而挥毫弄墨，或而引吭高歌……仲景在何颙这里大开了眼界，长了许多见识。何颙也深爱仲景的温顺敦敏，才华横溢，慨叹仲景生不逢时，才不能为朝廷所用。何颙还带他见了许多洛阳有正义感的士大夫，使仲景对朝政时弊有个清晰的认识。

转眼在姑父身边住了一月有余，仲景恋恋不舍地向姑父辞别。何颙深有感触地对仲景说："孩子，可敬你小小年纪已满腹经纶，学富五车。姑父本想荐你为官，替国家出力，可叹当今朝政宦官专权，正不胜邪。我看你性格沉静敦敏，才思颖悟，又喜欢钻研，富有同情心，此次回乡可拜你伯父张伯祖为师，用心医药，将来必成名医。"

"姑父的言语正合我意，仲景一定遵姑父之言用心医药。"遂与何颙洒泪而别。

何颙望着仲景渐渐远去的车骑沉思良久，捋着颌下的胡须目送了许久、许久……

拜师伯祖入医门

　　公元166年晚秋的一个上午，河南省南阳郡涅阳镇的名医张伯祖家，张灯结彩，亲朋好友欢聚一堂，洋溢着一派节日的气氛。原来这里正举行一次隆重的拜师活动。张伯祖的侄子，那刚过总角之年，聪明颖悟的张仲景，从此正式拜伯祖为师，专心医药。伯祖深爱小仲景的贤良敦敏，才思敏捷，早有收他学医之意，如今仲景的父亲终于提出此事，张伯祖深感兴奋，坚信仲景若用心医药，将来必成良医，渴望家学有传，张伯祖破例请来亲朋好友，像办喜事一样把仲景接进家门。

小仲景参见伯父后，张伯祖有意询问："你仲景才华横溢，不求到朝廷做官，因何选择学医之举？"

"做官要为民做主，为医亦是救民于水火，今朝中宦官专权，忠良受贬，侄儿做官或为虎作伥，或庸俗一身，哪如操伯父之业救人民于病苦！"小仲景妙语连珠，张伯祖点头微笑。

"你打算怎样学习医药？"伯祖继问。

"侄儿谨记伯父前言'勤求古训，博采众方'，只要病者有求，纵历千辛万苦亦尽心救治。"仲景答道。

张伯祖再一次颔首微笑。

寒暑易节，春去春又回。不觉之中，仲景已在伯父家学医两个春秋。张伯祖不但教给他《黄帝内经》、《神农本草经》、《脉书上下经》、《五色诊》等医学著作，还教他读了《淮南子》、《吕氏春秋》、《诗经》等书籍，以充分培养仲景的综合能力，开发他的聪明才智。仲景更是在伯父的督促下，潜心攻读，刻苦钻研。他常常手不释卷，如醉如痴，竟留下了许多逸闻趣事。

一次，仲景和师弟到附近伏牛山采药，仲景觉得路上的时间可以用来背书，于是边走边背书，没有用心于脚下的路，一下跌入路边的池塘里，被师弟笑作"落汤鸡"。

一个年三十的夜晚，仲景的父亲起夜小解，善良忠厚的张员外见家里的磨房还亮着灯，生怕是长工崔大又瞒着他偷偷加班，于是披衣走来，催促崔大早点休息。

"崔大呀，早跟你说过，不要累坏了身子，赶快休息去吧！都半夜时分了，怎么又偷着干活呢？"张员外边走边说。

"父亲，我是仲景。我怕在厢房读书打扰你们休息，就来磨房了。伯父昨些时候教我的东西我再温习温习，否则不能领悟，多对不起他老人家呀！"

张员外望着自从遁入医门，整天沉默寡言，只知读呀，背呀的儿子，顿时热泪盈眶……

一个春季的夜晚，明亮的月光倾泻在张伯祖家的庭院，远处传来响亮的蛙声，清爽的微风带着鲜花嫩草的馨香阵阵徐来，使人顿觉心旷神怡。伯祖和仲景师徒沐浴在这温柔的月色花香中。

"仲景呀，伯父果然没有看错你。知道吗？你已读完了伯父所有的收藏医著，以我的观察考问，你对医理的领会程度已在伯父之上了。"伯祖说到这里拿起柜子中粗粗的一捆竹简，"这是伯父行医40多年的经验所得，我的点滴体会都记录在这竹简上，今伯父和盘托出传于你，望你勤于努力，在今后的实践中发扬光大。"

仲景捧着竹简，泪如泉涌，千言万语噎在喉咙，几次张口只吐出了两个字："伯父……"

"我曾要你'勤求古训，博采众方'，你没有大量的医疗实践，古训则难以洞悉，你若仍囿于我的门下则难采众长。我思虑再三决定从明天起让你回家另立门户，你要到洛阳、开封等地另觅高师，继续学习……"伯祖老人声音颤抖起来，他也打心眼里舍不得这个得意门生就此离去，但又希望仲景能真正博采众长，成一方名医。

仲景此时更是心潮起伏，随师学习以来所有的记忆都被打开了，伯父的精湛医术，伯父的严格要求，耳提面命……仲景竟泣不成声，扑在伯父的怀中。

师徒两个就沉浸在这种难舍难分的情景中，俨然如骨肉父子，养育恩情。

崭露头角愈亲疾

仲景辞别伯父张伯祖回到家中并没有贸然行医,仍然深居简出,潜心攻读。一有空闲即与老外公海阔天空,谈医论药,说古道今,也常常给外公按摩、推拿、膏敷保健,祖孙俩像一对忘年之交的朋友。

一个冬日,老人恶寒发热,鼻塞声重,咳嗽咳痰……每阵咳后即大汗淋漓。仲景不敢怠慢,急忙请伯父张伯祖前来诊治。服了伯祖的汤药老人的病很快见好,但每每虚汗淋漓,大便四日不解。伯祖继以通便之药,老人服后虽大便得解,但几乎虚脱,更加大汗不止,三四日过后大便仍然干硬不下。仲景想，外公年事已高，正气虚弱，本自出汗，又发其汗，津液更伤，胃津更少，大肠失濡而便秘，伯父以承气汤（中医通大便的药方）攻之岂不更损津液？若以食蜜或猪胆汁取其甘寒润肠酸苦益阴之功，从谷道（肛门）入而通便定可根治外公之疾。于是仲景即用此法给外公治病，果然治了两次，老人便秘的病就好了。又调养了一段时间，老人胃气恢复，津液得养，虚汗的毛病也好了。仲景治便秘的方法古书没有，师父也没用过，他能想前人所未想，实在难能可贵。伯祖闻之亦赞叹不已，这灌肠之法治便秘为仲景首创，时至今日，仍为医学临床所用。

一个冬天的夜晚，仲景怀孕的嫂子突然腹中疼痛，呻吟不已，急得仲景的兄长团团乱转。去请伯父吧，嫂子要在痛苦中煎熬的时间更久，况且寒冬腊月，深更半夜惊动年老的师父仲景也于心不忍，遂立即为嫂子针灸按摩，疼痛立即止住了。又煎了汤药给嫂子服下，嫂子的病就慢慢地好了。

一日，邻居好友吴启与仲景闲坐，知仲景学医便请他诊脉看有什么病。仲景诊完脉对吴启说："你平时经常心腹疼痛，鼻孔常感瘙痒，睡梦中有咯齿现象，吃饭不易消化，大便也不正常……"

"神了，神了！你说得一点儿不错，一点不错，"吴启惊叫起来："仲景成仙了，好医术！"

仲景告诉吴启，他患的是蛔虫病，又给吴启开了些药，吴启吃了仲景的药果然拉出几十条蛔虫，以后腹痛、鼻痒、睡觉磨牙、大便不调病症就此消失了。

一个夏日中午，仲景正在书房仔细品读伯父留给他的那些竹简，深深被伯父的独到见解吸引着。突然一阵哭喊声从外边传来，仲景急忙撂下书简奔出院门。原来本庄王二不满4岁的儿子掉到水塘了，仲景赶忙上前解救，发现小儿的脉息还微微跳动，急中生智地就地取材，将大铁锅反扣于地，将小儿面朝下置于锅上，只见一股股水液从孩子的口腔、肛门流出，同时仲景又针刺小孩的人中、涌泉、足三里等穴位，又在小儿的胸廓按压片刻，只见小儿"哇"的一声，哭了起来，呼吸、脉搏、体温渐渐地恢复了正常。

小儿得救了，王二夫妇转悲为喜，乡邻们也钦佩仲景有"救死回生"之能，仲景谦虚地说："孩子本来就没被淹死，我只不过用点办法使他很快地恢复了健康。但是得提醒乡亲们夏季要照看好孩子,千万不要再发生类似事情。"

涅阳又多了一位神医叫张仲景,消息不胫而走。

博采众长访吕广

仲景久闻安徽黄山附近有位叫吕广（字博望，与仲景是同时代名医，曾为太医令）的名医，善于凭脉论病，切而知之，不用病人开口，就能将所患疾病的来龙去脉如数家珍般说个一清二楚。每起沉疴痼疾，均能药到病除。医术十分高明，而且著述很多，医学理论水平很高。于是仲景决定去拜这个名医吕广为师。

从涅阳到黄山也有千里之遥，仲景晓行夜宿在路上走了10余日才到了黄山脚下。

附近的人告诉他："黄山西南那青砖绿瓦的四合小院

即是'神医'吕广家。"

仲景来到小院门前，只见一个鹤发童颜的老者，正坐在院前的一个石凳上，手捧竹简，摇头晃脑，口中念念有词。

仲景赶忙上前施礼："久闻先生大名，河南张仲景有礼了！"心想这必是吕广先生无疑了。

"快快请起！老朽不过山野村夫，快快请起。"老人急忙将仲景扶起。

"先生何必自谦，仲景久闻先生每起沉疴痼疾，医术高明，遂从家乡涅阳前来拜访！"

"哈哈，哈哈"，老人爽朗地笑了，"老朽不懂医药，你所指的恐怕是我的孙子吕广吧。他也不过操些雕虫小技以救邻里之急而已，不足为道，不足为道啊！"

仲景因自己的冒昧认错人而难为情，他在心中仔细琢磨：吕广是老人的孙子，老人约为古稀之年，那吕广先生也该年逾半百吧。

老人告诉仲景："吕广已出门两日未归了，或在山中采药，或于民间疗疾，实乃一个随遇而安之人，公子还是再访名士吧！"

"晚生曾跟随伯父学医三年，对医理略知一二，久慕吕广先生洞悉医理，医术高明遂不畏千里之遥，前来拜访，望老伯千万容晚生见吕先生一面。"

老人见仲景心诚，于是就将仲景让到正堂，盛情款待。

"沐浴松涛兮，随云转；

深山雾海兮，有人家；

不求功名兮，民为友；

扁鹊仓公兮，是我师；

……………"

一阵男子洪亮的歌声在山间回荡，传进了小院。使仲景肃然起敬，神清气爽。心想歌者一定是一位怀才不遇的飘逸名士。

"是我孙子吕广回来了。他喜爱这里的松涛云雾，时常于高兴之时吼上两嗓子。"老人风趣地说。

说话间一位20岁上下的英俊少年来到面前，仲景万万没想到，他就是令仲景仰慕已久的名医"吕广先生"。只见吕广生得粉面红腮，浓眉大眼，八尺身躯透出几分男子汉的英气。

好一个英俊少年，年轻有为，正可谓"有志不在年高"，小小年纪就能以"名医吕广"名扬千里，更令仲景打心眼里佩服。

两个年轻人相见恨晚，言谈所及志趣相投，从古到今，医学、社会都是他们的得意话题。

原来，吕广的父亲曾在开封做官，无意中得罪了朝中宦官，落得个莫须有的满门抄斩之罪。吕广的爷爷于乱中抱着襁褓中的小吕广逃出开封，来到这远离官府的黄山脚下，更名改姓隐居下来。祖孙俩相依为命，老人亦是当年知名学士，于是教吕广读书识字，从小以医理灌输，让孙子不求功名，只求以医术益于民众，利于修身。吕广天资聪颖，祖父所藏书籍均能博览，老人曾带吕广游历不少地方，遍访名医，使小吕广很小就能操医术以自重，每遇邻近民众困于疾病之苦，遂鼓励吕广必定尽力解救，久而久之，吕广医名不胫而走，吕广救治过的群众不可胜数。

年长吕广10余岁的仲景，对吕广的医理医术惊慕不已。吕广亦深感幸遇这位同道知音，遂将平日读书之余的心得体会《八十一难经》、《黄帝众难经》、《募腧经》、《玉匮针经》等搬出来请仲景阅读指点，仲景也将随身所带学医散记拿出来请吕广斧正。

和吕广共处了10余日后,仲景依依惜别,耳闻目睹吕广的医学经验,以及吕广的脉法、针经给他启发很大。后来他医著里的许多医理也是取自吕广的。

沈槐仙师传秘术

俗话说："没有不病的医生。"意思是说医生的职责是疗病愈疾，虽然懂得养生之道，但也抗拒不了生命的生长壮老规律，也会得病，并且有的病到最后自己也治不了。

话说涅阳郡东北角有个沈家庄，沈家庄因有位名医沈槐而远近有名。这位沈槐先生三代家传医术，对医学颇有研究，由于他年逾古稀，鹤发童颜，忠厚善良，当地人都尊之为"仙师"。

沈家的医术到沈槐这里就没有传人了，因为按当地的风俗，医术、技艺是传儿不传女的，说是传给儿子尚可光宗耀祖，传给女儿等出嫁了就被带进婆家了，那技艺岂不"肥水外流"？弄不好还会有辱门风。

沈槐老人常常慨叹自己膝下仅有一女，空怀一腔绝技无人可传。

有一年冬天，沈槐仙师得了重病，阵发性心痛彻背，背痛彻心，多少与他有交往的同道，以及能请到的附近医师都给他诊治了，但病情丝毫不见好转。

沈槐女儿听说过有关张仲景的传闻，据说他曾治愈过不少疑难病症，于是抱着试试看的心理去将仲景请了来。

仲景认真地给老人诊了脉后，给老人开了药方并亲自煎煮伺候老人服下。老人服了药不到两个时辰心痛就消失了，心里面闷胀的感觉也随之而去，全身顿觉轻松惬意，卧床月余竟能下地行走了。

沈槐仙师对面前这位年轻后生的医术产生了兴趣，惊问："仲景是用何书何方，立起老朽之疾的？"

"仲景受《吕氏春秋》治心痛法启发，贸然班门弄斧，请老伯见谅！"仲景谦逊地答道。

"噢……原来是这样！"沈槐仙师沉吟良久，也许他没有想到一部《吕氏春秋》，本以为仅是历史书籍，竟有奇特方药，慨叹仲景博学多才，用思精巧超过自己。

沈槐老人将仲景引进书房，从一个锁着的柜子里，搬出一个制作精巧的木盒，对仲景说："老朽膝下无儿，祖传的秘术和我一世行医的经验都记在这木盒里。我常思忖若遇不上可传之人，空留这些秘术死不瞑目，今幸遇公子才智超群，医技非凡，知日后必成济世为民的良医，心中甚慰。特将秘术传与你，或渴望能如虎添翼，家学有传，我也了了一桩心事。"

仲景固辞不受，老人感激涕零："今传秘术与你，不为我沈槐，不为你仲景，是为生灵百姓、子孙后代啊！"

于是，仲景双手接过木盒，置于头顶，跪在老人面前千恩万谢："仲景一定尽心努力，争取不负前辈所望，博采众长，济世为民。"

仲景又在沈槐仙师家住了几日，每天为老人端饭送药，宛如亲生儿子一般，见老人确已恢复了健康，才依依不舍地离开老人。

洛水异人献秘方

一个春季的傍晚，仲景正立于自家后花园的假山旁，凝望西天那火红的晚霞出神。

"公子，公子，老爷请你赶快回去，说是洛阳来人求见。"一位家人匆匆跑来相告。

洛阳来人？仲景不敢怠慢赶快向家宅跑去。

原来，他的姑父何颙患了重病，已两日水米未下了，洛阳能请的医生都请了，仍然不见好转，仲景的姑姑遂差人速来接侄儿仲景前去诊视。仲景了解情况后，立刻随来人向洛阳奔去。

仲景来到姑父的病榻前,为姑父细心诊脉后说:"姑父一定是旅途劳顿,适逢大雨吧?"

"正是。"何颙惊异,莫非仲景学会了切(脉)而知之神术。

"姑父遭雨之前,还和友人一齐对酒当歌,那下酒之物当是鸽肉。"仲景接着说。

"正是,正是。"何颙连连答道,他惊奇地叹服仲景对他的病情发展了如指掌,就好像一直和他在一起亲眼目睹一般。

仲景小心地给姑父煎好汤药伺候姑父服下,过了两天何颙的病就完全好了。何颙深有感触地对人说:"仲景的医术,真是高明呀!起病之验,虽鬼神莫能知之,真是一世的神医啊!"实乃肺腑之言。

又过了几日,仲景陪姑父何颙沿洛水逆流而上,何颙要带他去拜访好友杨先生。

杨先生也是受"反宦官专权运动"牵连而隐居洛水的名士。老人知识渊博,爱好广泛,对于医药也算内行。

在洛水岸边的一个小丛林中,远远望去一个不大的茅屋草舍十分显眼。何颙告诉仲景那就是杨先生的住所。

临近草舍，仲景被眼前的景象惊呆了：只见院门前不大的一块空地上，一大群白鹅有五六百只，一位精神矍铄的老人正端坐在鹅群吹着洞箫，那袅袅的箫音如泣如诉，悠扬婉转，似乎懂人性的群旁鹅是几百名忠实的听众，一只只引颈凝神，竟没有一只发出刺耳的尖叫声。据何颙讲，老人养鹅吹箫隐居于此已多年了，仲景深恶朝廷的黑暗，钦佩杨先生的飘逸风采，慨叹其怀才不遇的处境。

何颙向杨先生介绍道："这是内侄张仲景，在南阳……"

"这就是能起沉疴、愈痼疾的张伯祖之徒张机、张仲景？"未等何颙说完，老人一把抓住仲景的双手，上下打量这位英俊后生，眼睛里滚动着激动的泪花。

原来老人早就听说了仲景如何用心医药，如何救民于痛苦的故事，尤其是老人的外孙去年患浸淫疮（一种难治性皮肤病）几乎丧命，就是仲景救治而愈的。

杨先生和仲景虽然年龄悬殊，经历不同，但说文论医却也滔滔不绝，共同语言很多，相当投机。

只见老人在屋里的一大堆书里，抽出那捆用黄布包着的竹简，递给仲景说："此乃旧友王太医生前所留，记录了他多年学医愈疾的奇方妙药,老朽野居这洛水之畔,终日引鹅吹箫为生,今既遇公子多才,就请收下吧。若能为你济世救人所用,也是对老朽的一点儿慰藉。"

仲景千恩万谢地接过宝简,珍重地收藏妥当。据说其中的不少方药都为仲景后来所用,其中最有名的方药是"八味骨气丸",还被仲景写进他的医学著作里,一直沿用至今,为世代人民的健康所用。

汨罗江边退瘟疫

汉献帝时,由于朝廷腐败,民不聊生,加之天灾人祸频繁,终于在湖南一带发生了以张角为首的农民起义,一些地方割据势力乘机参与混战,给人民带来了无限的灾难,以致出现"白骨露于野,千里无鸡鸣"的惨状,瘟疫(现代医学所称的各种传染性疾病)横行,"家家有僵尸之痛,室室有号泣之哀,或阖门而殪,或覆族而丧"。仲景游历于此感慨万千。

一日,仲景来到汨罗江畔,独自思忖:怀才不遇何止汉朝?那满腹经纶、胸有大志的屈原,还不是最终不忍看世道的混浊，而自投这滚滚波涛的汨罗江嘛！

"路漫漫其修远兮……"正当仲景不禁吟咏屈原的《离骚》之时，一阵哭声从前面传来。仲景循声望去，一位老大娘正伏在一位年轻男子的身上痛哭，仲景急忙上前看个究竟，原来老大娘的儿子被瘟疫感染，已经奄奄一息了。

仲景仔细给病人作了检查，发现病人全身发热，手心有汗，腹部坚硬，可摸到硬块……于是对老大娘说："您儿子得的是伤寒病，需要如此治疗就有救了。"老大娘于是按照仲景的方法给儿子服了药，儿子的病就慢慢地好了。

仲景发现瘟疫所及之处，大多数病人都吐泻无度，身冒冷汗，腹痛筋急，四肢发凉，声音低微，皮肤干枯，眼睛凹陷，病势很急。

仲景根据病来急骤，变乱剧烈的特点，认识到这就是《黄帝内经》中所说的"霍乱"，遂制五苓散、理中丸等方药对症治疗，活人无数。

为救治疫民，仲景遂在汨罗江畔结庐坐诊。

一日，一中年男子被人搀扶进了草庐，只见其皮肤面色如金橘般橙黄，全身水肿，腹部鼓胀。仲景检查时见其肋下肝脾肿大如条索，摸其腹部胀如水状，以手按其腹，水随手而起。患者精神疲乏，语声低微。仲景为病人诊脉后说："你患的是鼓胀病，由于疫毒侵袭，营养不良，饮食不洁……所致，我给你这包药面，每天你服3次，每次服3分，药服完就好了。"

病人服药面一月余，腹部的水就消了，皮肤也不黄了。拿着两只老母鸡和一只羊来酬谢仲景。仲景坚决不要，说："本地正是战乱饥荒之年，我不管如何，生活基本可以自给，你尚无吃药的钱，病好了需要调补，这鸡和羊就当我送你的补品还不行吗？"病人流下了激动的泪水。

一日，一妇人抬一6岁的男孩求治于仲景，说这小孩发热，嗜睡，抽风已两天了。

仲景见其高热大汗，面色潮红，嗜睡明显，又给孩子诊了一脉，看了舌苔，对那妇人说："你孩子得了一种叫做暑温的疾病，需如此马上治疗。"遂包了几服汤药给妇人。

过几日妇人来告，服了仲景药后不久，孩子的热就慢慢地退了，病渐渐地好了。

像这样的治病救人的事真是不胜枚举呀！

孟津解救落水童

公元182年春天,仲景心想,京都洛阳是全国的政治文化中心,应该到那里求师学艺,寻访名士。可是他到了京都不但没看到他想象中的市井繁华景象,也没有访上名士,那些可读之书也被封存,仲景空对着那门上显赫的"石室"、"金匮"字样感慨万千:"当今朝纲不正,宦官弄权,士大夫、太医们皆竞逐荣势,孜孜汲汲,唯利是图,哪还有留心医药的工夫!真是可悲啊……"仲景于是愤愤不平地离开了京城。

既然京城学艺不成,为什么不溯黄河而上调查黄河沿岸的风土人情呢？黄河是我们中华民族的发祥地，中华文化均滥觞于此，到底疾病的发生与生活习惯、风土人情及居住环境等有什么关系，仲景决心搞个一清二楚，以正确领悟前人的理论和经验。

  一天，仲景在黄河岸边的一个靠打渔为生的人家投宿，忠厚老实的男主人盛情款待了他后，就把他引进另间简陋的草屋里休息。仲景仿佛听到有病者呻吟的声音，仔细闻闻这附近的空气，发现有痰腥味。于是急忙叫来那位渔民问个究竟。原来那渔民的妻子已经患病多日了，渔民哪里想到投宿者竟是"南阳名医张仲景"。

  仲景来到病人床前，只见病人语音低微，四肢发凉，口中时有痰涎涌出。

  "她一直大便不通畅，我请了医生给她开过汤药，吃了药大便虽然通了，但是仍然不能起床……"在仲景给病人仔细诊脉时，渔民伺立一旁，向仲景介绍着妻子的病情。

  "她以前是不是有胃病？经常胃痛，饥饿时明显，吃点儿东西就好一些，平素口中常泛吐清水……"仲景问道。

"正是如此！先生真乃神医也。"渔民喜出望外，"我妻子的病有了救星啦！"

"她平素脾胃就虚寒，你们下河打渔时常早出晚归，黄河水边早晚气候寒凉，她是感受了风寒之邪，风寒外闭，内火自生，于是出现了大便不通现象，前医只知泻热通便，不知疏风散寒，更不知滋补脾胃。虽然大便通了，但脾胃损伤，故招致大便反稀，痰多如涌。痰气上升，头痛头昏，目不能睁，气短无力……针对这种情况，应该如此服药……"说着仲景给病人开了方子。渔民妻子服了仲景的药后，病很快就好了。后来这个渔民还跋涉几千里，将自己的儿子送到南阳拜仲景为师呢！

仲景辞别渔村继续前行，不多日就来到了孟津。黄河在孟津地段两面环山，蜿蜒曲折，水流湍急，显示着恢弘的气势。仲景深深地被两岸的青山绿水吸引着，瞧那对岸的一排排村庄，掩映在一片葱茏之中，那村舍里的袅袅炊烟如青龙腾空，慢慢地向天空弥散汇成蓝天上朵朵美丽的云彩……仲景想生活于此地的人民，一定饱尝了大自然的精华，长寿老人一定不少，我要寻访讨教他们的养生之道、长寿秘诀去。

从此岸到彼岸有五六百米之遥，两岸人民造流船彼此往来。和仲景合乘一条流船的是两个男子，一个妇人和一个有七八岁的儿童。那小男孩十分逗人喜爱，对每一个乘客都彬彬有礼，还会唱不少动听的歌谣，歌谣中还有人们对生活的无奈——

"天上龙王摆摆尾，

地上黄河发大水；

北堤决口南堤漏，

多少黎民成野鬼；

洪水何不去京都？

看你官府谁来管！

……

坐船中勿立船尾，

孟津水大波浪急，

风高月黑不渡船，

……"

童谣还未唱完之际，船已驶入河中，一阵狂风掀起一股巨浪，将小船送上了浪尖，就在小船颠簸摇晃之际，男童站立不稳翻落水水，眼看小孩即将被波浪吞没，说时迟，那时快，仲景迅速跃入水中，劈风斩浪将小儿从急流中挽回，一只手高高擎出水面，另一只手奋力划水向小船游来，船上的人赶忙将他们拉了上来，孩子的母亲悲喜交加，热泪簌簌而下："壮壮，我的孩子怎么样了？"

"快快想办法救孩子，孩子还没有脱离危险。"仲景说着就用手指挤压孩子的胸脯，又掐了孩子的人中、涌泉、足三里、内关等穴位，孩子竟也能从口中流出不少水来，慢慢地睁开了眼睛，瞧着大人们一双双惊异的目光，他似懂非懂地"哇……"的一声，哭了起来……

船到了对岸，仲景向那排翠绿中的村舍走去，船上的人谁也不会想到救孩子的是一位惊世的名医。

修武客栈遇轻生

离孟津不远的地方有个修武县，相传这个县因世代崇尚练武术以健身而得名。仲景听说修武县有位八旬高龄的老人，有导引（现在所称的按摩）、吐纳（现在所说的气功）、针灸、膏摩（一种用药膏摩擦体表一定部位的外治法）之神术，虽年老而体格健壮，耳聪目明，健步如飞，于是决定到修武拜访这位老人，向老人学习导引、吐纳、针灸、膏摩等神术。

仲景一路辗转，傍晚时分才到修武县城，于是找了一家客栈住了下来。

半夜时分，一阵急促慌乱的脚步声将仲景从睡梦中惊醒，侧耳倾听外面还有窃窃的低语声。仲景于是披衣下床想看个究竟。

"客官不要惊慌，不要惊慌！既然你都看见了，那就告诉你吧，"一位店小二模样的人凑过头来，在仲景的耳边小声低语："那个卖菜的年轻人不知因何上吊寻短见了，我家老板起夜看见差点儿被吓死，'尸体'已经抬走了，你就安心睡觉吧。"

仲景闻听此言，一种当医生的责任感促使他不但未回房睡觉，还让店小二带他去看看，他想："或许那年轻人还能救活！"

仲景给上吊的年轻人做了检查，发现他的身上尚有体温，寸口和肋窝的脉还有微动感。他受几次救落水儿童的经验启发，急忙让人把那青年平放在门板上，解开他的腰带衣扣，开始在他的胸部一起一伏地按压起来。他忽然想起小时候看农民杀猪燂猪毛时的情景：等猪杀死后再给猪吹气，然后猪皮就鼓了起来，毛就好燂了。人没气了为什么不能吹气呢？他立即给那青年口对口进行人工呼吸。过了一会儿奇迹发生了，那青年的心跳增强了，逐渐地呼吸也快了起来。仲景又给青年扎了人中、十宣、内关等穴位，青年人渐渐地苏醒了。

"恩人们啊，你们为什么要救我？我上有老下有小，让我怎么活呀……"那青年跪在门板上，低着头失声痛哭。

原来，这位家境贫寒，他向亲戚借了些本钱来到修武县城做生意，以养家糊口，不想半夜醒来发现钱连本带利被窃贼洗劫一空，他万念俱灰，无法面对年迈的老母和家里正在挨饿的妻子、儿女。于是就在客栈的回廊木梁上寻了短见……张仲景了解情况后，十分同情这位与己年纪相仿的年轻人，于是从自己的钱袋里拿了一些钱递给年轻人，让他重振精神，重操旧业。

那位年轻人听人说是仲景给他口对口人工呼吸，又按压、针灸，才使他活了过来，本已千恩万谢，难以表达感激之情。此时仲景又给他钱资助他的生活，他无论如何也不能要。

"那么就当是我借给你的，你将来做生意赚了钱还我还不行？"仲景说着就走了。

那位年轻人捧着钱，望着仲景远去的身影又一次深深地低下了头："恩人呀，我尚不知您的尊姓大名……"

此时，一轮红日从东方冉冉升起，满天的彩霞绚丽多姿，太阳公公露出了满意的笑脸。

在修武县西南的一个依山傍水的小村庄，仲景在别人的指引下，见到了那位精通导引、吐纳、针灸、膏摩的老人。

老人姓冯，不识字，他的一招一式全是祖上传下来的。一听说是南阳张仲景来访，老人喜得眉开眼笑，谁不知道他是个"神医"啊！

"仲景呀，我因为从小没有条件识字读书，就不像你那样懂得医治，能治大病啊。但是多年来我住在这穷乡僻壤之地，劳动之余就练练武，做做导引吐纳，竟也能一年四季从不得病哪！"老人顿了顿又说："你说这导引吐纳是不是可以防病养生呢？老朽我已八十有三啦，瞧牙齿不少，耳朵不聋，眼睛不花……"

老人越说越高兴！

仲景提出向老人学习、拜老人为师，老人欣然地答应了，"老朽平时只能以简单的针法为乡亲解决一点儿疾苦，那膏摩之术也不过是从山上采些草药，自己熬些膏药，遇乡亲们有外伤什么的送上几帖；那导引、吐纳方法倒是祖上传下来的，老朽可以教你学习。"老人很自谦。

仲景于是在老人家学习了3个月，深得真传。他倡导的导引、吐纳、膏摩之术，为我国人民的保健养生作出了重大的贡献。

据说现代的气功、太极拳、太极剑等体育运动项目就是根据导引、吐纳、膏摩等发展而来的。

扁鹊墓前得脉书

　　河南汤阴县城东南，一片苍松翠柏中有一块神圣的墓地，这里就是埋葬战国神医扁鹊的地方。

　　扁鹊那高明的医术，虽然为劳动人民解除了疾病的痛苦，在人民中享有很高的声誉，但也招致了那些宫廷庸医的嫉妒和仇视。秦国太医令李醯对扁鹊的成就和崇高声誉就非常嫉妒。

　　一次，秦武王得了病，李醯等人都诊治了但毫无效果。于是武王就派人去请民间医师扁鹊，扁鹊给武王服了药，武王的病很快就好了。李醯自知医术不如扁鹊，对扁鹊十分嫉恨。他回到家里长吁短叹，坐立不安，他的妻子唤他去吃饭，他木然地来到餐桌前。只见他突然站了起来，将端着的碗筷扔了出去："在秦国，有我没他，有他没我。"一个罪恶的杀害扁鹊的计划在这个丧心病狂之徒的脑海里产生了。

他知道告诉别人要杀的是扁鹊肯定没有人去干，他就生出了一条借刀杀人的毒计。

李醯把他的家丁王八叫到密室。

李醯知道王八为人仗义，只能一步步来。"王八呀，老爷平常对你如何？"

"当然很好喽！承蒙老爷收留，我王八在府中吃的是老爷的，穿的是老爷的，老爷让我享受了荣华富贵。"王八讨好道。

"好！老爷想求你办件事行吗？"

"莫说一件，老爷叫我干什么我就干什么，老爷叫我杀猪，我决不赶鸡。"

"王八呀，老爷今天就是让你去杀'猪'"，李醯突然压低了嗓音，"老爷一次去给患者治病的途中，一伙强盗打劫了我，我差点儿被他们要了老命"，李醯撒谎道：

"王八，我刚才回家时路过子乌客栈，见这伙强盗的头子呀，正在店里喝酒，你带把刀从他后面上去，把这个强盗替我杀了。"

"噢，是这桩事，为民除害，我愿意干。"王八上当了。

王八来到子乌客栈，李醯远远地躲着，见扁鹊师徒还在坐着聊天，就指着坐在正中的扁鹊对王八说："那个就是强盗头子，等我走后估计我要到家时你再动手。"……

神医扁鹊就这样被王八杀害了。

扁鹊被杀的消息传到李醯家后，王八才知道自己被李醯利用了。他不顾一切地奔向街头狂呼：

"扁鹊是李醯派我杀的，扁鹊是李醯派我杀的……"王八疯了。

人们知道扁鹊被杀害的真相都义愤填膺。一天，李醯偷偷地驾车出门，被愤怒的人民得知后，大家蜂拥而上包围了李醯的车马高呼："打死李醯！打死这个谋杀扁鹊的刽子手！"

若不是卫士保驾，这个坏蛋准被愤怒的群众打死，但扁鹊神医却……

仲景小时候就听外公讲过扁鹊的故事，他学医以来也读了不少有关扁鹊的书，尤其令他敬佩的还是扁鹊那高明的望诊和脉诊。来到汤阴后，他特地来到扁鹊的墓地，凭吊这位伟大的神医。

仲景来到扁鹊墓前，只见一块冷冷的石碑上刻着扁鹊的名字，黄土垒成的坟墓，布满了成片的蓑草。看着这一切，想想扁鹊被李醯所害的悲惨经过，仲景不禁伏在扁鹊的墓碑下失声痛哭："扁鹊先师啊，你何故有这段令人心酸的经历？你起死回生，治病救人，一生不求当官，不图发财，您！您！难道您济世救人也有罪吗？……"仲景思古念今，何颙、洛水杨先生等人的身世，和当今朝纲不正等许多不平之事一齐涌向心头，越哭越伤心。

"公子请起，公子请起……"一位慈颜善目的老人将仲景从地上拉起。

"多谢老人家提醒！"仲景一边抹泪，一边向老人行礼道谢。

"公子莫非是扁鹊之后，或是……"老人疑惑地问。

"在下南阳张仲景也，一生崇尚扁鹊神医，因哀扁鹊先生的被害经过，故此失态，老人家见笑了。"仲景从容作答。

"噢，你就是张仲景！幸会幸会！老朽也是扁鹊先生的崇拜者，对扁鹊先生深有同感。我即在附近结庐，每天必来看望扁鹊先生一次，请公子到寒舍叙话如何？"老人说道。

仲景踏进老人的屋门，被眼前的景象惊呆了，不大的屋子里，整整齐齐地排列着的都是书简，满堂内充斥着诱人的墨香。原来老人也是一位博学爱才的长者。

"老朽闲来无事，喜欢看点书。仲景读过扁鹊先师哪些书籍？"老人看仲景不断注视那满室藏书，就打诨道。

"不多，不多。"仲景显然答非所问。

老人被眼前这位嗜书如命的年轻人吸引着，他索性抱来所有扁鹊的著作放到案上，供仲景饱览。只见仲景捧着一本《扁鹊脉诀》反复吟诵，时时拍案叫绝："好书！好书！……是如此！是如此！"弄得老人摸不着头脑。

该和老人分手了，老人送仲景到大门口，却又对仲景说："仲景稍候！我马上就来！"

只见老人抱着一捆竹简向仲景走来，老人说："老朽见你喜欢这部《扁鹊脉诀》，此书也是我的心爱之物。思前想后，我还是把他送给你，望你日后不负老夫所望，将扁鹊先师的经验发扬光大！"老人恋恋不舍地把书递给仲景。

"多谢老人家！"仲景欣喜若狂。

翻山涉水采良药

（一）

《吕氏春秋》里说："用药者，得良药则活人；用药者，得劣药则杀人。"多年的医疗实践，仲景发现有些药材不地道，有的甚至是冒名顶替的假货，仲景决定遍访名山大川亲身采集地道的药材。

河南有座有名的桐柏山，山上青松翠柏，绿草茵茵，猕猴出没，俊鸟啁啾，山下一泓湖水，山影倒映。仲景来到山脚下，深深被山色湖光所吸引，他相信在这样颇有灵气的风水宝地定可采到理想的药材。

为了考察桐柏山的可用药材，仲景决定寻遍桐柏山的一草一木。

仲景沿着陡峭山路奋力攀登，终于登上了桐柏山顶。居高临下，他忽然发现正前方的绿色屏障中红星点点，定是何种植物成熟的果实，说不定就是上好的药材！他喜出望外飞奔过去，不好，一块石头绊倒了他，只见仲景摔倒后顺着山坡滚落下来，他奋力抓住粗壮的藤蔓，才得以幸免摔进深谷。虽是没有造成重伤，但也是皮开肉绽，衣服几乎被撕成了碎片。仲景一想到那片红星点点，马上焕发了精神，以顽强的毅力站起身来，继续向山顶攀登。

"啊，好大一群枸杞呀！"仲景连忙蹲下身去，仔细观赏，那枝头紫色的花还散发着幽幽的馨香，那枝蔓被累累的红色果实坠得弯曲如一群张满的弓放在一起。枸杞在《本草经》说有滋补肝肾，明目润肺之功，为补药中上品呢。找到这么一片枸杞林，仲景滚下山坡的伤痛早就忘到九霄云外了。

关于张仲景采药还有这样一个传说：

有一次，仲景又进桐柏山中采药，一位须发花白，精神饱满的老人拦住去路。

"看公子像是采药而来，老朽素感胸闷心痛，不知能否相烦高诊？"老者作揖而道。说着放下肩背的一捆柴火。

"承蒙老人家高抬，在下乐于效劳。"仲景也深深地作揖而答。

仲景就在山路旁的石头上请老者坐定，为他诊脉。

"恕仲景直言，您的脉有兽象，能否如实相告？"仲景一把脉即知这老者非同凡响。

"南阳张仲景果然名不虚传，"那老者连连赞叹道："公子不用害怕，我从实向你道来。我乃本山峄山穴中的野人，人称老猿，患胸闷心痛病已三年多，也曾乔装看过不少医生均不见效，今听说南阳名医张仲景前来采药，故前来求治。"

仲景于是从随身携带的囊中，取出配制好的丸药递给老猿，并嘱咐如此如此服药，老猿十分感谢。

第二日，仲景又在采药途中与老猿相遇，只见他肩扛一段圆木，来到仲景面前作揖道："公子真乃神医也，服了你的药，几年的病痛荡然无存。这是一段万年桐木，聊以表达一点儿谢意。"

见仲景坚持不收，老猿三步两步突然消逝得无影无踪。

后来，仲景将这万年桐木斫为两把琴，以"古猿"、"万年"分别命名，以纪念桐柏山中这段神奇的经历。

（二）

湖北秭归有一条山泉。因水质清澈，甘甜如醴而被尊为香溪。仲景来香溪不为品尝甘甜的溪水，不为欣赏周围的湖光山色，而是要考察、采集一种中药叫做穿山甲。

穿山甲为鲮鲤科脊椎动物，也称食蚁鲮鲤，它像鱼一样常生活在水中。那时香溪一带常有穿山甲出没，当地人常于夜间在香溪设网捕捉。

仲景读的许多医书中，对穿山甲的炮制或言沸水烫死剥鳞，或说以砂同炒鳞片，也有的说取下鳞片以醋泡浸。对于它的用途也有多种说法。所以，他想亲自捕捉几只穿山甲，用不同的方法炮制，然后总结出这种药的正确制法和功效。

仲景到香溪正赶上连绵不断的梅雨天气。夜黑风高，就连当地人也不愿到香溪去。他向当地的一位老农借来了捕捉工具，就独自一人向香溪走去。

仲景按老农的指示铺好网，就在香溪边等着。有一天早晨这位老农来到香溪旁，只见仲景披着蓑衣睡着了。原来仲景为捕捉穿山甲，已经四天四夜没有睡觉了。老农心疼地把仲景叫醒，带回去换了衣服："孩子，干什么事也不能这么拼命哟！你这样累坏了身子怎么办？明天起你在家待着，老伯带人去替你捕捉。"

（三）

深秋季节的神农架（今国家重点自然保护区，在湖北省境内），仍然是一片葱茏景象，这里松柳桃槐，鹿兔猕猴、野草灵芝、山雉孔雀……动植物品种十分齐全，真是天然的动植物王国。

仲景来到神农架一看，这里果然名不虚传，如医书所说那样，药材资源相当丰富，而且是许多药用植物的地道产地。仲景豁然开朗：难怪神农到此遍尝百草了。

他身背背篓，身持镰刀，腰系绳索，俨然一个药农一般，沿着林间小道走进了这个迷宫般的绿色王国。

仲景被所到之处的每有所获而陶醉，林间光线较暗，不觉之中已经夜幕降临。林中深处不断传来一两声虎啸狼嗥，生存的本能提醒仲景不得不寻路返回。

夜色越来越浓，仲景在林中走啊走，竟怎么也走不到尽头。忽然他被脚下的"树木"绊了一跤，鞋子绊掉了，他赶紧伸手去摸，只吓得仲景"哎哟"一声惊叫，原来他摸到了圆乎乎、凉森森的蟒蛇的身子。仲景机智地避开蟒蛇可能伸展的范围，赶忙向相反的方向走去。

林深夜黑，难以分辨东西南北，仲景机智地记起当年父亲给他讲过，一个樵夫在山中砍柴迷了路，聪明的樵夫凭树枝的疏密辨别方向，朝阳的那面较密即是南方的故事。他想，何不爬上相邻的几棵树，辨别一下哪是南方呢？

根据爬树梢分辨疏密判断方向的方法，仲景确定了返回路线。为防止再入迷途，他在每走过的树上，间断地以镰刀砍下一个印记，又不知走了多久，他仿佛听见远处村舍的鸡鸣犬吠，心中不觉一阵欣喜，加快了行进的步伐。

……

"醒来了，醒来了！"仲景睁开眼睛，只见一个十六七岁的少年，坐在他的身边惊喜地笑了。

"孩子，你终于醒来了！"老人欣慰地来到仲景的床边："你若不是掉在我们捕捉动物的陷阱里，恐怕你今夜肯定要喂狼了。半夜我和徒弟听见山中有群狼的嗥叫,我就知道肯定有人遇到狼群了。我赶快叫醒徒弟,点着火把循声而去,结果你已掉入陷阱里昏了过去,那些狼呀,正围着陷阱'嗷嗷'乱叫呢!看到有火光,群狼被吓得逃走啦!我和徒弟就将你背了回来,调了点药汁灌下……"

"多谢老人家师徒相救……"仲景说着就欲坐起来,可是那满身的伤痕钻心般疼痛。

"孩子呀,快快躺下,起不得,起不得,"老人急忙示意仲景躺下:"我已为你的伤口敷了从这神农架中采药熬炼的创伤膏,你躺两日就可以下地了。"

过了两天,仲景果然伤口基本不疼了,于是下床活动。和老人的攀谈中,他知道老人是一位城府很深的隐士,终日以采药炼制膏药为生,行侠仗义,治病救人,那位少年徒弟,即是他收养的一位陈姓孤儿。

老人得知所救之人是南阳张仲景,十分高兴。虽然隐居深山老林,也只不过不官不仕而已,从百姓口中,同僚言论中,老人已经听说过关于南阳张仲景治病救人的种种传闻。他更为仲景这种求实精神所震动,遂将多年集存的神农架中动植物药物标本送给仲景,并带仲景重游神农架，辨认采集了大量药材。

又过了几日，仲景完全恢复了健康。临走的那个晚上，老人和仲景就医药问题互通有无，谈了许久。末了老人对仲景说："仲景呀，你明日即将起程，但老夫有一事相求。"

"老人家请讲，仲景定效全力。"仲景认真地说。

"老朽不过懂点草药知识，凭一些雕虫小技为民众解决一点病痛。几日相处，我知你医理雄博，医心纯正。小徒陈梧如果由我长期带下去，只可望成为药农，我求你将他带走，随你学习济世救人之术，万望接收。"老人不等仲景回答，急忙示意陈梧叩头认师，仲景竟羞得满面通红，不知如何是好！

预知王粲须眉落

继公元184年巨鹿人张角发起黄巾起义以后,各地农民也纷纷起义。军阀诸侯乘机相互割据,东汉政权几乎土崩瓦解。

公元190年,仲景的家乡南阳也祸起萧墙,卷入了兵荒马乱的恶浪。先是孙坚率部杀死南阳太守张咨,继而孙坚不敌袁术而归附之,袁术为南阳太守后,贪得无厌,对人民横征暴敛,残杀无辜,敲骨吸髓,百姓深受其害,不得不离家出走,踏上了逃亡之路。

仲景一家也不得不流落他乡,寻求出路。

当时刘表为荆州刺史，盛传刘表礼贤下仕，唯才是举，荆州之地殷实，人民生活安定。于是仲景一家就奔荆州来投奔了刘表。

南阳张仲景医术高明已为天下所知，刘表对仲景确实很重视，于是仲景在荆州仍以"治病救人"之术游于公卿间。

有一个20多岁的青年才子叫王粲（和徐斡、陈琳、应锡、刘桢、孔融、阮偶合称"建安七子"，七子中以王粲成就最大），字仲宣，因其祖父王畅与刘表是老朋友，又听说刘表唯才是举，故也来投奔刘表，而刘表并未重用他，只让他当一个小官。

王粲感东汉朝廷的颓丧，哀人民深受兵荒马乱所苦，写下了有名的《七哀诗》——

"西京乱无象，

豺虎方遘患，

复弃中国去，

委身适荆蛮。

出门无所见，

白骨蔽平原，

路有饥妇人,

抱子弃草间,

顾闻号泣声,

挥涕独不还,

何能两相完?

驱马弃之去,

不忍听此言。"

仲宣对朝中董卓专权,迁都西京深恶痛绝,对自己的怀才不遇,明珠投暗非常不满,而对人民生活于水深火热之中感到非常痛心。

仲景在荆州,亦常追忆经历过的风风雨雨,对东汉政治的腐败,人民生活的现状深切关注,一些文人名士都是他的好友。

年轻的王仲宣和仲景也是相见恨晚,友情很深,二人常相聚畅谈,互通心曲。

一天,仲景盯着仲宣的脸庞看了好久,对他说:"仲宣,你现在已经患了一种病,这种病属疠疾(现在所说的麻风病),应该早一点儿治疗。现在服用五石汤治疗还不晚,否则,40岁将须眉落,须眉落后半年就有生命危险了。"于是给仲宣包了五石汤药。

王粲听了仲景的话，表现得很不高兴，勉强拿了仲景给他包的药悻悻地走了。

过了一段时间，仲景遇着王粲了，关切地说："给你的五石汤服了吗？"

"遵您之言，按您吩咐已经服完了。"仲宣很不高兴。

"看仲宣的气色，不像是已经服过五石汤的样子，你为什么要讳疾忌医呢？难道你对宝贵的生命就这样轻视吗？"仲景语重心长地说"请仲宣一定把五石汤服了，再贻误下去，病情就严重了。"

王粲想："我身体一直很健康，甚至从来连伤风感冒的小毛病都没有，能生什么大病呢？根本不用吃什么药。"但是他口上还是连连地说："一定吃药，一定吃药。"于是就告辞了。还把仲景的话当笑料告诉他的朋友们。

公元217年春天，曹操的丞相，博闻多识、擅长诗赋的王粲，在他须眉脱落后的第187日仙逝了，时年41岁。距仲景第一次让他服五石汤之后整整20年。

人们在哀叹仲宣迅如流星，英年早逝的同时，也深深佩服仲景先师对疾病把握的如此精确。

公堂行医美名扬

公元202年（汉献帝建安七年）正值深秋季节的荆州一带，到处呈现一派丰收景象：田野里放眼望去，成熟的稻谷金黄一片，微风吹动，广阔的田野顿时翻起一股金色的波浪；马路旁，随处可见成熟的秋果争奇斗艳，核桃、黄梨、红苹果……像一张张笑脸，迎风向过往行人点头致意。大街小巷，乡村梓里，荆州人民为安居乐业而洋溢着一种欢乐的气氛。

傍晚夕阳初放异彩，仲景为应接不暇的求医者一一认真地诊断开方后，为放松一下紧张的神经，于是骑着马来到郊外。田野里,道路上,农民或在收割,或在运送稻谷,呈现出一派繁忙的景象。只见他看着那些挥镰的农民,又望了望马路上那些拉车、肩挑的农民,若有所思。刚才还满面喜色的仲景,心头升起了浓浓乌云……

"老人家,因何您来挑担受苦,您的儿孙因何不干?"仲景下马,关切地问一位老者。

"儿子在城中当兵,孙子还小啊!老朽虽然年岁已高,尚有些力气,将就着干吧。"老人惨淡地作答。

"老大娘,因何您独自挥镰收割,儿女都干什么去了?"仲景走进田野,小心地对正在收割的60余岁的老大娘问同一个问题。

"前年冬天,我的两个儿子都死于长沙混战,17岁的小儿子又被官府逼着去当兵守城,家中只有患重病的老夫和我相依为命……"说着竟泣不成声。

……

仲景终于明白为什么操劳的都是老人,原来荆州一带的壮年男子不是死于战乱,就是被逼去当兵,貌似太平的荆州之地,原来也同样深受战乱之苦。近来仲景又闻及大兵压境之地人民饥馁,江淮间疫疠大作,竟有人吃人的悲惨之事。更使他居安思危，对朝纲不正深恶痛绝，对受难中的黎民百姓忧心忡忡，他真希望有朝一日能大权在握，他要用仁慈之心，仁爱之德，为社稷江山、黎民百姓做一点儿事，出一份力。

一天正午时分，仲景又在家中为连绵不断的求医者诊病，只听得门外锣鼓喧天，马蹄"得得"，不多时有人来报："恭喜张老爷，贺喜张老爷，老爷被封为长沙太守啦！"

话犹未尽，官差已来至门前，宣读"圣旨"："……特封张机，仲景为长沙太守，即日动身赴任……"。

仲景跪在地上，手捧"圣旨"百感交集。青少年时苦读经史，小小年纪就被举为孝廉而终未仕，正当壮年之时正有心终身不仕，潜心于"济世活人"，却忽然官运亨通，不求自来，真是岂有此理！也罢，我要为黎民百姓争一份公道，创造一块安生之地，我要为社稷江山出一份添砖抹缝之力。想到此，欣然随公差赴任而去。

长沙一带可不像荆州那样民殷丰实，原长沙太守率零陵、桂阳等郡欲叛刘表，被刘表率众围攻兼并，长沙一带也深受兵戈之苦，仲景沿城寻顾，看着满是刀伤箭痕的长沙城心情久久不能平静。

仲景到任之后第二天，正在官邸查看文书，忽然差役来报："某县县令王某，备厚礼求见太守。"

仲景早知道这些县令称霸一方，鱼肉人民之事，他决心要惩治这些贪官污吏，以收民心。

"让他进来。"仲景下令。

"在下王某参见太守爷，不知大老爷远道赴任而来，下官有失远迎，请大老爷恕罪！"王县令到大堂连忙下跪叩头如捣蒜，极尽逢迎献媚之能事。

"王某，老爷听说你所管辖之县物产丰富，宝贝甚多，你给老爷我带点什么好东西来？"仲景要这个赃官亲口说出行贿的罪证来。

"启禀大老爷，下官所治之县民虽不富，但下官略有家私，下官不知老爷喜欢什么，我给老爷带来珍珠若干，玛瑙若干，黄金若干，另带土特产若干作为见面礼，请老爷笑纳，老爷若喜欢什么，下官再去筹办。"王某心想，这新太守可真贪心。

"王某，你给老爷的见面礼可合你几年的俸禄？"

"这个……合五六十年吧。"王某从实报上数来，以示真诚，生怕以后别的县令送得比他多，使他失宠一般。

"好！王某，你真看得起老爷，敢问王某当县令几年？"仲景沉着地问。

"三年了。"王某答道。

"莫非王某父辈祖上，亦是官宦人家，或是王某家资历来殷实？"仲景问。

"这个……王某祖辈世代为民，家中无人做官，还请大人多多提携……"王某或许因为出身低微而自惭形秽，脸上顿时挂满红霞。

"大胆狂徒，贪赃枉法之罪我尚未来得及追查，竟敢前来行贿于我！左右快快拿下，关入牢狱，待我查明罪恶一并加刑！"仲景早已让文书将王某的口供一一录下，愤怒使他拍案而起。

"老爷饶命，老爷饶命！"王某面如土色，瘫倒在地，被差役拖下大堂。

仲景惩治贪官王县令的消息不胫而走，百姓争相传颂新任太守为清官大老爷，其余各地县令闻讯，亦多夹着尾巴尽力敷衍，百姓的生活安静了许多。

仲景了解到各地人民因官府横征暴敛，生活艰苦，土地时有撂荒，遂下令各县开仓赈济，两年之内不许征税收粮，驻兵就近屯田垦荒自给自足，两年之后长沙一带出现了欣欣向荣的景象。

一天，仲景升堂坐定，见一向守时侍立的大堂差役李墨没到，正要发问，另一差役早已跪于堂下禀报："启禀老爷，李墨昨夜起小便不出，腹胀而痛，不能到堂了。"

"赶快带我去他住所，老爷为他治病。"说着就走下堂来。

仲景来到差役所住的下房，见李墨正痛苦地在床上打滚，口中呻吟不止。视其征象，只见目睛突出，腹胀如鼓，膝以下已经水肿。仲景遂让差役将其针具拿来，给李墨扎了针灸，李墨疼痛很快止住了。仲景又在李墨脐上敷了膏药，以自制丸药使其服下，过了一个时辰李墨就尿了出来，又过了一个时辰李墨尿量大增，腹软肿消，诸症平息。

李墨跪在床上对仲景叩头致谢，仲景欣然扶住说道："你病愈之后，能为老爷当差，替黎民百姓多做点好事，就是对我最大的安慰了。"

作为封建社会的太守，仲景能屈尊到下人的房屋为其诊病，而且一直守候到病人症状缓解，这在历史上恐怕都是非常少有的。仲景为差役治病的消息很快传开，长沙人民更加崇敬这位神医太守：

一日，仲景升堂审问一桩偷贩私盐的案件，差役捕来的一位从犯是一位40岁上下的中年男子，仲景见这位男子步履蹒跚，有踏空现象，于是走下大堂，只见其瞳孔散大，视物模糊，仲景知其是得了眼病，如果不及时治疗，眼睛不但要瞎，而且还会发生内脏疾患。于是审完案子后，让差役将这位男子带上堂来，在公案桌上为他诊病察脉，又开了方药令其及时服用，感动得他千恩万谢。仲景说："我救治你的眼病，是为了使你恢复健康，使你的家庭有所养。病愈之后，你能正确认识你的罪行，悔过自新，以后安心于事务，做个良民我就满足了。"

仲景到任的第四年，长沙一带先是冬春雨雪罕见，地面龟裂，禾苗干枯，继而是中夏阴雨连绵，大水频发。接连的水旱灾害，给疫疾（传染病）大开了方便之门，长沙、桂阳、零陵等地均有疫情汇报。仲景遂决定亲自到乡村了解灾情，以开库赈灾，治病救人。

仲景的人马出城不远，只见前面有嘈杂声、吆喝声，仲景连忙问左右何故。探报的差役回来说："前方有一老妪，拦住去路，求见老爷。"

"快令差役不要阻拦，带她前来见我，想必她有缘由。"仲景当即下令。

"参见大老爷，老身有要事相求。"只见老妪跪在仲景的轿前叩头。

"老人家，快快请起，有什么话尽管讲，仲景定给你做主。"仲景急忙下轿扶起老妪。

"我的儿媳妇得了重病，请了几位先生治疗不见好转。听说神医老爷曾为差役、犯人救过命，前几天我也想进城向您请医，但都被官员拦住了。今天听说您出城救灾，老身就冒死拦轿，求老爷救我儿媳一命。"老妪说完又要叩头，仲景急忙扶起："老人家，为儿媳如此心诚求医，仲景深为感动。走，你带我去你家，我要认真地尽最大努力治好你儿媳的病。"遂令左右将老妪扶上马坐稳，改道去老妪的村庄。

来到村庄，仲景下轿走进一间不但破旧而且阴暗的草屋，刚到门口一股腥臊臭秽之气迎面而来，仲景毫不犹豫地走到病人床前，一边详细地为病人诊脉查体，一边细问发病的经过。

然后命差役拿来纸笔写上处方药名，又让差役买了药送来。病人吃了仲景的药不久，其病就好了。仲景亲自到民间救治病人的消息，传遍各地，人民都夸赞他高尚的医德。

仲景安排了救灾之事后回到长沙，对左右说："传我的话，如果有百姓来求医就放他们进来。以后每逢初一、十五两日停止办公，我在大堂上置案行医，此可发个告示。"

仲景择日大堂行医的告示一经发出，各地来求医者门庭若市，仲景遂一丝不苟地认真诊治，救人无数。他还拿出自己的一部分俸禄，专门为那些买不起药的百姓买药送药。仲景还配制了大量丸散，让看病的人带回家乡，发给地方群众，以防病防疫。又利用初一、十五人多的时候，告诉群众如何防病保健的知识，甚至还抽空教他们锻炼身体的方法。

为纪念仲景坐堂置案为民治病的事，铭记发扬仲景崇高的医德，从此在药店设专座看病的医生称为"坐堂先生"，一些药店也改称为"某某堂"。

人们尊仲景为张长沙，他的医方称"长沙方"。清代陈修园还撰有《长沙方歌括》一书呢！

辞官归里操旧业

　　长沙太守张仲景为差役治病，替犯人疗疾，甚至到乡村草舍出诊，还在初一、十五停止办公专让群众到大堂看病的消息传到那些士大夫的耳中，他们对仲景的所作所为嗤之以鼻，认为仲景不守做官的规矩，有失太守的尊严。仲景听了"哈哈"一笑，仍然我行我素。

　　刘表听说仲景在长沙深得民心，长沙之城虽水旱灾害严重，但没有饥民冻馁现象，并不感到高兴，对仲景的所作所为也甚为不满。连年来他命仲景征收赋税仲景敷衍，他让仲景扩军仲景借口战乱灾荒违旨，这次他索性派差役来通知仲景，命其送5万兵丁去荆州。

仲景痛恨连年军阀混战给百姓带来的苦难，详述长沙伤痕未愈，灾荒初度，百业待兴需要壮士的实际情况，表示宁愿辞官归故里，不愿为虎作伥的决心，那刘表争霸心切，岂听仲景忠言？仲景便愤愤地辞官而去。

仲景回到南阳地域，不禁黯然神伤：那满地的衰草尚有战火的痕迹，那原来一望无际的良田早已荒芜，隐约中草丛里的白骨历历可见，在阳光下闪着哀怨的寒光，仿佛向仲景诉说着什么。

仲景来到他家的旧宅，原先的高宅大院没有了，仅剩几间不大的过去伙计所住的偏房，仲景敲开了门，只见一位衣衫褴褛的老人望着他愣了一下神，就一下扑到他的怀中失声痛哭起来："仲景呀，你终于回来了，愚兄在家不但没守住祖宗的产业，而且落得孤身一人，穷困潦倒。你伯父、伯母、你哥哥、嫂嫂、侄儿、侄女，都被连年的瘟疫怪病夺去了生命呀，仲景。要是当初听你的话也逃难荆州，要是你在家乡，我哪里会到这步田地！"

仲景耐心地抚慰这位堂兄，他了解到家乡连年传染病流行，他的家庭200余人，在他离家这不到10年间已有2/3

相继遇难身亡，其中死于疫病的就有七成。巫医在地方趁机骗人，许多病人被胡乱治死。于是，他决定在家乡行医救人。

一个男孩10余岁，白天像好人一样，夜里即胡言乱语，梦话连篇。巫婆用咒语、符水给他驱逐附身之鬼也毫无效果。孩子的父亲听说仲景辞官回来了，就急忙向仲景求治。

仲景给孩子诊脉看舌，又摸了孩子的胸口、头额等处，对围观的众人大声说："哪里有什么鬼神？孩子得的是一种热病，夜晚发高热，所以就胡言乱语，白天不发热，才跟正常人一样，你们有病要求医吃药，决不能听信巫医之言。"孩子吃了仲景开的药，没多久就好了，仲景的话于是在南阳一带传开了。

一位妇女终日悲哀哭泣，打呵欠，伸懒腰，饮食无常。巫婆说是鬼神附身，家里人都很恐惧。请来巫婆下神，又是念咒语，又是吞符水，病情丝毫不减，反而逐渐食少懒言，嗜卧神疲，病情有所加重。仲景听说后主动上门救治，对她的家属说："你们不要害怕，这不是鬼怪为病，她得的是脏燥病（相当于现代医学的'癔病'），是身体虚弱，内脏阴液不足所致，服上几服汤药就好了。咒语、符水岂能治病？"说着他开了几服叫甘麦大枣汤的中药方子给病人家属，果然在病人吃了几服药后病就好了。当地的群众再也不相信鬼神、咒语和符水了。

一个寒冷的冬夜，忙碌一天的仲景，正挑灯夜读，整理几天来的临床心得，忽然传来一阵急促的敲门声，"张医生，张医生，快去救救我的儿子吧！"一个男子悲泣地求救。

仲景不顾连日来的劳累，更没有去想冰天雪地和刺骨的寒风，背起盛药具的小囊跟着男子就走。由于雪深路滑看不清，仲景一下跌入了一个大水坑，那男子急忙把仲景拉起，仲景的衣服已湿了大半。那男子看着仲景被冻得瑟瑟发抖的样子，竟哭出声来。

"没关系的，救孩子要紧，我们走吧！"仲景笑着安慰男子，带头大步向前走去。

到那男子家，那男孩母亲正抱着孩子在痛哭。仲景赶忙给孩子诊断治疗。只见孩子已经昏迷，全身泛发紫色斑丘疹，身上很热，皮肤灼手。仲景又细问了孩子发病的前后经过情况，说："孩子得的是天花，得赶快治疗。"

于是先给孩子进行针刺治疗，使孩子从昏迷状态中清醒过来。接着又给孩子喂服了一些药丸，孩子渐渐地退了热，脱离了危险。由于30余里雪地跋涉，加之整日来为民众治病的劳顿，又跌入水坑受了风寒，仲景体力不支一下跌坐在男子家的地上……

过了一年多，一个姓卫的男子带一个10多岁的男孩求见。见了仲景，该男子即命男孩跪在地下谢仲景救命之恩。经过询问，仲景方知孩子即是冬夜救治的天花患儿，名叫卫汛。

"我们全家难报先生救命之恩，更崇尚先生高尚的医德。小儿卫汛为先生所给之生命，自小聪颖，读过不少经史之书，我们有意将其送给先生为徒，一学先生活人之术、做人之道，二可侍候先生左右，聊报先生救命之恩。"孩子父亲声泪俱下。

"既然不怕我误了孩子的前程，我愿收卫汛为徒。"仲景见其心诚，欣然应允，又转身对卫汛说："学医生涯，终身以济世救人为信念，你不怕吃苦吗？"

"我愿以您为榜样，勤奋学习，不辞劳苦，如遇患者相求，不畏千辛万苦，有求必应，奋力救治……"小卫汛滔滔不绝地说道。

仲景听了小卫汛所言，欣慰地笑了。他相信这个孩子定能成为济世良医。

后来的事实证实了仲景当年的眼光，卫汛成为他的高徒之一。

……

光阴似箭，日月如梭。转眼间仲景辞官回乡，专心医事已经两年有余。

这是一个初春的晌午，仲景趁人们午饭之时，来到他的书房临窗远眺，那碧绿的田野，繁花掩映，五颜六色，仲景惋惜那不是少年时熟悉的麦苗，回想当长沙太守时的那几年惩治贪官污吏、鼓励人民垦荒兴家的情景，顿时感慨万千，恨不能像当年那样，赈济灾民，现只能施展医技，为家乡人民做一点儿事情。

忽然卫汛来报："京兆杜陵人杜操求见先生。"

"杜操？"只见仲景惊喜万分："快快请他进来。"

原来，仲景做长沙太守时就知道有个京兆少年叫杜操，字伯度，"识见宏敏，器宇冲深，淡于矫矜，尚于救济"，是个难得的人才。

"杜陵人杜操参见神医太守。"杜操进门即施礼说道。

"什么神医太守,就叫我张仲景的好。早闻公子大名,久仰呀!"仲景谦逊地说着,请杜操坐下叙话。

"晚生恨透官宦之人贪赃枉法,唯利是图。军阀连年混战,疫病流行,民深受其苦。素仰先生医术高明,医德高尚,杜操想拜在先生门下,学先生济世之术,为人之道,不知先生能否收留。"杜操直言快语,竟立刻说明来意。

仲景听了欣然应允:"难得杜操品行端正,仁心常怀,仲景有你为徒也是幸事。"

从此,杜操即为仲景的入室弟子,以后亦成了汉代名医。

言传身教育高徒

仲景的弟子很多，尤其杜操、卫汛成就最大，说起仲景教育弟子的方法，还有许多故事呢！

有一年冬春之交，南阳一带流行感冒之疾。有一天，仲景带着卫汛去给病人诊治。前一个病人仲景摸完脉后又让卫讯摸说："这是紧脉。"于是给病人开了"麻黄汤（麻黄、桂枝、杏仁、甘草）"，后一个病人仲景也先摸了脉后又让卫汛摸，但是仲景没有说话就给病人开了"桂枝汤（桂枝、白术、甘草、生姜、大枣）"，然后问卫汛："后者是什么脉？"

"脉缓弱。"卫汛答。

"对。"仲景点点头说:"同样是感冒,为什么两个人用药不同呢?是因为前者不出汗,脉紧;后者不时出汗,脉缓弱。这就叫同病异治。你记住,医生治病就是要根据病人的实际情况,不同的病症要用不同的方药治疗,辨证论治,才能取得好的效果。"

两个人服了仲景开的方子病都很快好了,而辨证论治,同病异治思想从此深入卫汛的心中,成了他学医治病的指导思想。

一次,仲景带着徒弟们去山上草药,见一老人躺在山下的一块石头上,就叫身边的杜操说:"你可以去问问那老人,因何躺在暴露于阳光下的石头上。"

"那老人说他经常腰腿疼。"杜操回来答道。

"他腰腿疼为什么就躺在山石上呢?"仲景继续问。

"可能这样躺着歇一会儿就好点儿了吧。"杜操答道。

"肯定不仅仅如此,你再去问问老人。"仲景说。

于是杜操再次来到老人面前:"老人家,你腰腿痛为何躺在这石头上呢?"

"我躺在这石头上是治我的腰腿痛的。这石头被太阳晒得很热，热乎乎的石头，挨着疼痛的腰腿焐一会儿，既舒服又可止痛，我们这些牧民，常得这种病，也常用这种简易的方法治病。"老人的话使杜操茅塞顿开。

杜操回来重复老人的话。仲景听了说："这就是我们灸法、熨法治病的来源啊。孩子们，让杜操一次次地求教老人，是告诉你们要善于观察人们的生活习惯等情况，发掘民间疗法，医学的形成就是人们长期生活经验的积累呀！"

由此可见仲景对弟子的良苦用心。

一个深秋的夜晚，大雨瓢泼，电闪雷鸣。一位老人怯生生地叩开了仲景的家门："张先生，我儿子突然昏迷，不省人事，劳烦您去救他一命！"显然老人面有难色，将信将疑。

仲景拿起蓑衣就要跟老人走。

"张先生，这雨……等一会儿再走吧！"老人拦在门前。

"师父，等雨住再走吧！"弟子朱留也说。

"救人要紧，刻不容缓！"仲景说着就冲进了瓢泼大雨之中，弟子朱留等也随即跟了出去。

来到老人家，仲景立刻亲自针灸、按摩、膏敷、给病人灌服汤药。过了一会儿病人苏醒了，仲景语重心长地对弟子们说："如果有病家求诊于深夜、雨雪天气等，那就说明病人危在旦夕呀！若不能有求必应，不畏艰苦地救人于孤危，又何谓济世救人呢？"弟子们都连连点头称是，从此有急诊都争先恐后地去应诊。

有一次，一位腰痛的病人来求治，仲景给病人诊了脉后，就让徒弟韩泽开了八味肾气丸给病人服用，他接着又看别的病人了。

几天后病人来复诊，说病情还未缓解。仲景记得这位病人病情并不重，忽然想起韩泽开了方后他没有细看，就问病人："你服那药有什么味？"

"有辛味、苦味，甚是难咽。"病人答。

于是他让韩泽把药方找来，一看果然韩泽把药方中的山茱萸写成了吴茱萸，本应酸甜味的药，于是就变成了辛苦滋味。

"韩泽你将八味丸背一遍。"仲景说。

"桂枝、附子、地黄、丹皮、泽深、山药、茱萸、茯苓。"韩泽答。

"是山茱萸，还是吴茱萸？"仲景问道。

"是山茱萸。"韩泽仍振振有词哩。

"你到药房把这两种药各拿点来。"仲景说。

"你先尝尝哪个是哪种滋味。"仲景示意韩泽舔尝药物。

韩泽刚尝了吴茱萸，脸就一下子涨得通红。仲景不止一次给他讲过要区别这两种药物的性味不同，功用有别：山茱萸味酸补肝肾，吴茱萸味辛苦，疏肝止痛。这两个药应用差异很大。

仲景见韩泽窘迫之状，便安慰他说："错了不要紧，以后千万要注意区分相似名称的方药，或相似功用的方药的不同应用。医药是治病救人的，没有把握的方药，不能给病人服用啊！"

于是，仲景让韩泽向病人实事求是地赔礼道歉，仲景言传身教，精心育徒的故事一时也传为佳话。

仲景还非常注重总结经验，理论联系实际，每天的病案，都由学生回顾整理，写出心得体会后自己再认真修改。对学生写的东西他都字斟句酌地认真修改，每天为学生修完心得体会他都要熬夜到五更。长此下去，当地人都把仲景书房窗口的灯光，当做报时的标志。

由于仲景的精心培养，他的学生都成为济世良医，其中尤以杜操、卫汛最负盛名。卫汛还有许多著述流传于世，如《妇人胎藏经》、《小儿颅向方》、《四逆三部厥经》等等，都是跟仲景师父学习的经验总结，可惜现在都已失传。

华佗盛赞"活人书"

一天晚上，仲景与弟子杜操、卫汛讨论医术问题。初学不久的杜操问先生："师父强调辨证论治，究竟如何把握诊疗的先后顺序？"

"这个问题问卫汛即可。"仲景笑答。

于是卫讯滔滔不绝地说了起来："在给病人诊断病情时，我看师父的辨证论治顺序是这样的：先检查病人的身体，观察病人的气色，听听病人的声音，然后问病人的症状，再检查病人的脉象舌苔，从这些检查中，再分析诊断病人的病情，从中总结出一个阴阳、表里、虚实、寒热的方法，然后视具体情况采用汗、吐、下、和等方药治之。不知当否，请师父明鉴。"

"正是，正是。"仲景又一次笑答。

"当今庸医甚众，都借战乱，争着牟取名利，不顾人民死活，抱残守缺，按寸不及尺，对蔓延的疫疾皆束手无策。一些体恤百姓的才子想留心医药，不是投医无门，就是无本可依。师父是否将这些经验写下来，流传出去，以让他们有法可依，或可战胜疫疾，活人更众。"

杜操的话深深触动了仲景的心弦。他忆起了当年南阳常年疫疾流行的情况，记起了他汨罗江边解救疫疾，救人无数的情景。其宗族有百余人死于疫疾、庸医、巫婆罪恶之手。堂兄在他刚回乡时的哭诉声仿佛又在耳边响起。他仿佛又置身于长沙公堂，面对那一双双渴望生存的疫民眼睛。

"是啊！是该写一写能治疫疾的书以就正于同道。就可多救些人民脱离病痛之苦，病魔之爪。"他仿佛在自言自语，又像是在答复杜操的建议："好主意！好主意！"

于是仲景书房的灯光常常彻夜通明。他认真整理记录大量的古代医学著作，总结秦汉以前的医学理论，吸取民间的医疗经验，结合多年与疫疾打交道的心得体会，写成了《伤寒杂病论》。

与仲景同时代的沛国谯（今安徽亳县）有个擅长外科的名医叫华佗，又名敷，字元化。一次刘备的大将关羽被曹军毒箭射中，请华佗诊治，华佗察看了伤臂说："这是弩箭所伤，其中有乌头毒，直透入骨，如果不早治，恐怕这臂就动不了了。"

关羽听了忙问："先生究竟如何治好？"

"我用尖刀割开皮肉，直到骨头，刮去骨头上的箭毒，再用药敷上，用线缝合，过段时间就可以治愈了。"华佗说。

关羽于是接受了华佗的治疗。华佗尖刀刮骨窸窸有声，关羽忍痛谈笑弈棋。

华佗做完手术后，关羽的手臂即可伸舒自如，也不疼痛，关羽赞叹地说："先生真是神医呀！"

华佗为关羽刮骨疗毒的故事传到南阳，仲景也深为他精湛的外科技术而惊慕，遂让弟子杜操去拜华佗为师，以学习外科医技。

杜操刚到谯地之时，天色已晚，遂在一个小客栈住了下来。傍晚时分，他步出客栈闲逛，只见离客栈不远的一块空地上，一些人在做着什么体操。他终于等大家都停了下来，向一位年长者求教："请问您做的是什么体操？"

"我们做的是'五禽戏'，是华佗先生所教。"长者骄傲地答道。

杜操还了解到"五禽戏"是华佗发明的一套模仿虎、鹿、猿、熊、鸟活动形态的锻炼身体方法。

杜操赶到华佗家时，正是太阳初升之时，但是家童告诉他："先生采药去了，晚上才能回来。"

杜操就等到晚上。

华佗对杜操的来访十分高兴，他又听说杜操是仲景的徒弟，更是兴奋不已，他说："久闻仲景为神医太守，恨不能谋面，今见公子犹见仲景先生，真是幸会呀！"

"师父亦久闻先生有刮骨疗毒之勇，特命晚生前来拜先生为师，学习外科医术，不知先生能否收留？"杜操一边说着，一边拿出一部医书来："这是师父新近之作，唤作《伤寒杂病论》，特让晚生誊抄成卷带来，请先生斧正为感！"

华佗接过书来，好奇地展卷阅读，不禁进入状态，一口气读了两卷后,方才想起杜操还在旁边。只听华佗连声赞叹:"这真是一部活人的书呀!真是一部救人书!"

华佗留杜操在身边学习4个多月,还将其麻醉秘方"麻沸散"传给杜操,以带回仲景身边,报他赠"活人书"《伤寒杂病论》之情。杜操在华佗处不但学习了外科技术,而且也学到了华佗独创的针灸技术和许多养生秘诀。

又过了一年,南阳传来华佗被曹操杀害的噩耗。原来,丞相曹操患了"偏头痛"病,请华佗治疗,华佗用扎针的办法很快为他治好了。曹操便把华佗留在身边。华佗不愿意只为他一个人看病,于是借口妻子有病,要求回家探视,华佗回乡后整天忙于为百姓治病,曹操几次催他,他都借口妻子病未愈而推脱,奸诈狠毒的曹操就把华佗抓回去杀害了。

仲景对华佗被害之事非常气愤,他不止一次在徒弟面前说:"华佗先生为百姓的健康而不惜丧失了生命,真是我们的榜样啊!"还说:"华佗不为虎作伥的气节真令人钦佩!"

华佗被害两年以后,曹操的"偏头痛"病复发了。洛阳的医生均医治无效,南阳太守为讨好这位奸臣,就向他举荐仲景。仲景闻讯，感慨万千，他想起华佗被害经过，又想到《伤寒杂病论》尚未问世，各地仍不断传来疫疾吞噬人民生命的惨讯。他发誓决不为奸臣所用，要为百姓留下他一生的医学经验，于是带着徒弟卫汛直奔少室山（今河南登封县境内）隐居去了。

风雪弥漫少室山

仲景来到少室山时正值深秋季节,山里秋风瑟瑟,落叶满地。踏着满地落叶,遥想当年的多少往事,仲景对卫汛说:"人如自然万物,就树木而言,生于肥田沃土,阳光之域则拔地而起,茁壮成长;生于高山之巅,贫瘠土地,只能凭顽强的生命力,和风雨冰雪严寒酷暑搏击,焕发异彩呀!"

"师父不媚权贵,不恋荣华,真乃傲雪之青松也!师父一心为百姓谋利,时时以济世活人为怀,实乃黎民之父母也!"卫汛赞叹地说。

仲景师徒在少室山腰结庐，山下凿井，于庐前空地垦了一块荒地种上了蔬菜、小麦，养了几只鸡，喂了一条狗。整天倒也有了百鸟啁啾鸡犬相闻。

仲景每日和卫汛探讨医学，著书立说。以多年的临床心得，反复修改《伤寒杂病论》成稿。著立有关妇科、儿科的专门新作。每于空闲时间在山中采药，并常派卫汛炼制丸散定期送到山下，发放给百姓以防病治病。

一天，仲景师徒正在山中采药，卫汛意外发觉草上血迹斑斑，甚至背阳的一面还没有干涸。是不是山中有野兽伤人？他们警惕地随血迹寻去，只见不远处山坡的草丛中仿佛有一人躺在那里。他们走到近前一看，果然一个青年男子横躺在草丛中。他衣衫褴褛，身上血迹斑斑，赤手空拳，嘴角尚有干血，左腿膝下有一条约6寸长的伤口，鲜血不住地外渗。仲景一看那人虽然昏迷，但脉息尚可，命还有救，立刻让卫汛赶快给他撒药止血，包扎伤口，自己则取出随身针具，对准那人的人中、十宣、劳宫、涌泉等穴扎了起来。没多久，只见那男子忽然睁开双眼，想要坐起来，又"哎哟"一声躺倒了，剧痛使他不能自持。仲景拿出随身携带的丸药，让那人嚼服下咽，过了一会儿那男子就能坐起来了。

"感谢二位救命之恩！"那男子仿佛知道自己刚才所发生的一切："我乃山下陈村农民，名叫陈风，适逢夜半官府逼迫我们村青壮年人去当兵，我不愿参与混战想逃走，和一群差役相遇，便打了起来，我砍死了两名差役就向山中奔来，不想腿上已负伤就昏在这乱草丛中。若不是二位恩人相救，我肯定就没命了。"陈风诉说其情，仲景师徒深切同情陈风的遭遇，仲景让卫汛将陈风背进草庐放在床上躺下，对陈风说："你在此安心养伤吧，你能认识到连年军阀混战的危害，真是个好青年。"还亲自熬好羹汤喂陈风服下。

转眼三个多月过去了，陈风的伤基本痊愈了，于是就辞别仲景师徒下了山。仲景把陈风送到山下，叮嘱道："如果官府知道你杀差役潜逃就回到山中来。"陈风千恩万谢而去。

从此，陈风却成了仲景草庐的常客。小伙子常带来山下的种种见闻，还时不时地给仲景师徒带些粮食来。

一天，陈风又来到山上，进草庐后欲言又止，不一会儿就要告辞，仲景见状便问："你有什么为难之事尽管讲来。"

只见陈风吞吞吐吐地说:"我家邻居曹智,今年60余岁,这两日病得很厉害,请了几个医生看了,都没有效果。眼看危在旦夕,我今天来山上想请先生救治,又怕先生隐居于此多有不便,所以就……"

仲景闻听陈风此言,深为他的仁义之心感动,于是对卫汛说:"徒儿,你可跟陈风下山,就说是某村某医,救治病人要紧呀!"

原来这曹智老人两天前突然发热,腹痛,腹泻,泻下物如脓如血,全身疼痛无力,四肢发凉。前医误治后,导致肢凉未除,反全身发凉,身疼加重,心烦欲死。卫汛诊其两手脉沉伏不出,舌绛红,苔黄腻,身热灼手,遂诊断为"疫痢热厥"。急予芍药汤、白头翁汤等治疗。药用二日病人痊愈。

仲景又让卫汛配制"辟疫散"若干,让陈风带到山下,发放陈村百姓,以防疫疾流行。陈风只说是山中仙翁舍药,那陈村民众只有对着少室山祈祷,祝愿仙翁了。

转眼间,仲景师徒在少室山隐居3年有余,这3年中,仲景在卫汛的帮助下,总结出许多医学理论和治疗方法,

《伤寒杂病论》基本定稿，《评病要方》、《辨伤寒》、《疗妇人方》、《五脏论》、《口齿论》等业已成书。仲景望着厚厚一大堆书稿，脸上露出欣慰的笑容。

218年，又是深秋的傍晚，卫汛在草庐整理书稿，仲景就一个人出去了。

已经是月上树梢头了，卫汛见师父还不回来，便在草庐的周围寻找，可是凡是师父惯常散步的地方都找遍了，还是不见师父的踪影，急得卫汛不禁加快脚步，漫山遍野地边走边喊："师父，师父——"这喊声在空旷的少室山上回荡。

卫汤忽然忆起这段时间书稿写成后师父的反常情况：师父变得沉默寡言了，师父时不时地提到"要是在南阳老家，要是在南阳老家……"，师父常常捧着满地落叶喃喃自语："叶落归根，叶落归根呀……"卫汛急忙向师父说最喜观望南阳的那个山包奔去——

只见他敬爱的师父仰着倚靠在山包上的一棵柏树上，任斑白的须发随风飘动，任清凉的晚风迎面吹来，也任皎洁的月色尽情地抛洒……仿佛这所有的一切仲景都全然不知道。

仲景得了重病！

卫汛小心地把师父背回茅庐，小心地给师父针刺、膏敷、按摩、喂服汤药。仲景虽是苏醒了，可是却仍然不能说一句话。

公元219年的冬天来得格外早，少室山下了一场罕见的冬雪，狂风怒吼着，似乎要吞噬所有的生灵；大雪弥漫，仿佛要掩饰人世间所有的丑恶，松涛阵阵，银装素裹，山风送来一阵阵哀号……

神医张仲景，在被逼隐居少室山著书4年之后，从生病以来，在卫汛、陈风日夜守候满236天后，满怀悲愤的张仲景客死在少室山的草庐中！

仲景没有等到他的《伤寒杂病论》问世，没有等到回到他渴念的故土南阳，甚至没有和心爱的徒弟话别，卫汛伏尸痛哭，不能自持："师父呀，你一生以济世救民为己任，为什么军阀混战正不压邪？难道怀仁术为民谋利益也有罪吗？难道胸怀人民的志士，都只能落得扁鹊、屈原、华佗、师父的下场吗？……"只哭得天昏地暗，云停雪住！

张仲景就这样走完了他69年的人生旅程。他所创造的辨证论治模式，以及《伤寒杂病论》等著作都是留给世人最珍贵的财富。历代医家均奉为金科玉律。皇甫谧说："仲景遗论甚精，皆可施用。"陶弘景说："惟仲景一部，最为众方之祖。"

如今南阳、长沙等地均有仲景墓、仲景祠；《伤寒杂病论》有英、法、日、德、意等十几种文字，几十种版本行世。人们在谈到中医之时，都不能不想起这位伟大的医学家——"医圣"张仲景。

世界五千年科技故事丛书

01. 科学精神光照千秋：古希腊科学家的故事
02. 中国领先世界的科技成就
03. 两刃利剑：原子能研究的故事
04. 蓝天、碧水、绿地：地球环保的故事
05. 遨游太空：人类探索太空的故事
06. 现代理论物理大师：尼尔斯·玻尔的故事
07. 中国数学史上最光辉的篇章：李冶、秦九韶、杨辉、朱世杰的故事
08. 中国近代民族化学工业的拓荒者：侯德榜的故事
09. 中国的狄德罗：宋应星的故事
10. 真理在烈火中闪光：布鲁诺的故事
11. 圆周率计算接力赛：祖冲之的故事
12. 宇宙的中心在哪里：托勒密与哥白尼的故事
13. 陨落的科学巨星：钱三强的故事
14. 魂系中华赤子心：钱学森的故事
15. 硝烟弥漫的诗情：诺贝尔的故事
16. 现代科学的最高奖赏：诺贝尔奖的故事
17. 席卷全球的世纪波：计算机研究发展的故事
18. 科学的迷雾：外星人与飞碟的故事
19. 中国桥魂：茅以升的故事
20. 中国铁路之父：詹天佑的故事
21. 智慧之光：中国古代四大发明的故事
22. 近代地学及奠基人：莱伊尔的故事
23. 中国近代地质学的奠基人：翁文灏和丁文江的故事
24. 地质之光：李四光的故事
25. 环球航行第一人：麦哲伦的故事
26. 洲际航行第一人：郑和的故事
27. 魂系祖国好河山：徐霞客的故事
28. 鼠疫斗士：伍连德的故事
29. 大胆革新的元代医学家：朱丹溪的故事
30. 博采众长自成一家：叶天士的故事
31. 中国博物学的无冕之王：李时珍的故事
32. 华夏神医：扁鹊的故事
33. 中华医圣：张仲景的故事
34. 圣手能医：华佗的故事
35. 原子弹之父：罗伯特·奥本海默
36. 奔向极地：南北极考察的故事
37. 分子构造的世界：高分子发现的故事
38. 点燃化学革命之火：氧气发现的故事
39. 窥视宇宙万物的奥秘：望远镜、显微镜的故事
40. 征程万里百折不挠：玄奘的故事
41. 彗星揭秘第一人：哈雷的故事
42. 海陆空的飞跃：火车、轮船、汽车、飞机发明的故事
43. 过渡时代的奇人：徐寿的故事

世界五千年科技故事丛书

44. 果蝇身上的奥秘 ：摩尔根的故事
45. 诺贝尔奖坛上的华裔科学家 ：杨振宁与李政道的故事
46. 氢弹之父—贝采里乌斯
47. 生命，如夏花之绚烂 ：奥斯特瓦尔德的故事
48. 铃声与狗的进食实验 ：巴甫洛夫的故事
49. 镭的母亲 ：居里夫人的故事
50. 科学史上的惨痛教训 ：瓦维洛夫的故事
51. 门铃又响了 ：无线电发明的故事
52. 现代中国科学事业的拓荒者 ：卢嘉锡的故事
53. 天涯海角一点通 ：电报和电话发明的故事
54. 独领风骚数十年 ：李比希的故事
55. 东西方文化的产儿 ：汤川秀树的故事
56. 大自然的改造者 ：米秋林的故事
57. 东方魔稻 ：袁隆平的故事
58. 中国近代气象学的奠基人 ：竺可桢的故事
59. 在沙漠上结出的果实 ：法布尔的故事
60. 宰相科学家 ：徐光启的故事
61. 疫影擒魔 ：科赫的故事
62. 遗传学之父 ：孟德尔的故事
63. 一贫如洗的科学家 ：拉马克的故事
64. 血液循环的发现者 ：哈维的故事
65. 揭开传染病神秘面纱的人 ：巴斯德的故事
66. 制服怒水泽千秋 ：李冰的故事
67. 星云学说的主人 ：康德和拉普拉斯的故事
68. 星辉月映探苍穹 ：第谷和开普勒的故事
69. 实验科学的奠基人 ：伽利略的故事
70. 世界发明之王 ：爱迪生的故事
71. 生物学革命大师 ：达尔文的故事
72. 禹迹茫茫 ：中国历代治水的故事
73. 数学发展的世纪之桥 ：希尔伯特的故事
74. 他架起代数与几何的桥梁 ：笛卡尔的故事
75. 梦溪园中的科学老人 ：沈括的故事
76. 窥天地之奥 ：张衡的故事
77. 控制论之父 ：诺伯特·维纳的故事
78. 开风气之先的科学大师 ：莱布尼茨的故事
79. 近代科学的奠基人 ：罗伯特·波义尔的故事
80. 走进化学的迷宫 ：门捷列夫的故事
81. 学究天人 ：郭守敬的故事
82. 攫雷电于九天 ：富兰克林的故事
83. 华罗庚的故事
84. 独得六项世界第一的科学家 ：苏颂的故事
85. 传播中国古代科学文明的使者 ：李约瑟的故事
86. 阿波罗计划 ：人类探索月球的故事
87. 一位身披袈裟的科学家 ：僧一行的故事